Bjarne Melkevik

ÉPISTÉMOLOGIE JURIDIQUE

ET

DÉJÀ-DROIT

Buenos Books International, Paris

www.buenosbooks.fr

ISBN: 978-2-36670-048-0 (Version Imprimée)

ISBN: 978-2-36670-049-7 (Version électronique)

Illustration de couverture : Jurisprudence,

Edvard Munch, 1887

Publié par les éditions :

Buenos Books International, à Paris

www.buenosbooks.fr

Dépôt légal Paris, 2ème trimestre 2014

TABLE DES MATIÈRES

AVANT-PROPOS

RÉFLEXIONS ÉPISTÉMOLOGIQUES ET QUESTION DE DROIT 5

I

UN PEU DE DÉBROUSSAILLAGE DANS LE DOMAINE DE L'ÉPISTÉMOLOGIE JURIDIQUE .15

THÈSE 1. LE DROIT N'EXISTE PAS..................................17
THÈSE 2. ÉCARTER L'IDÉOLOGIE D'UN SAUT DES «DONNÉES FACTUELLES» VERS LE «DROIT»..................24
THÈSE 3. ÉCARTER L'IDÉOLOGIE DU «DÉJÀ-DROIT». 32
THÈSE 4. SEMER DES CONCEPTS POUR RÉCOLTER (ILLUSOIREMENT) LE DROIT. 38
CONCLUSION : POUR S'AFFIRMER DE MANIÈRE PLUS RÉALISTE..45

II

LE CIEL EMBRUMÉ DU DÉJÀ-DROIT: UNE CRITIQUE ÉPISTÉMOLOGIQUE.............................47

1ER ARGUMENT: LE DROIT EST LE RÉSULTAT D'UN PROCÈS JUSTE ET ÉQUITABLE. 50
2EME ARGUMENT: UN JURISTE TRAVAILLE AVEC DES TEXTES-OUTILS. 57
3EME ARGUMENT: MAÎTRISER SES TEXTES-OUTILS. .65
4EME ARGUMENT: LA QUESTION DE DROIT SE RAPPORT À UNE PRATIQUE. 73
CONCLUSION: CHOISIR ENTRE «DÉJÀ-DROIT» OU «FAIRE-DROIT»...84

III

UNE NOTE SUR LA NOTION DE «FORCE OBLIGATOIRE» ET LE DROIT.................................87

1. REMARQUES PRÉLIMINAIRES ET ÉPISTÉMOLOGIQUES SUR LA NOTION DE «FORCE OBLIGATOIRE»...................88
2. LA NOTION DE «FORCE OBLIGATOIRE» EN TANT QUE COORDINATEUR DISCURSIF. 96
3. PENSER LA NOTION DE «FORCE OBLIGATOIRE» SANS OBLIGATION. 106
4 CONCLUSION. 112

BIBLIOGRAPHIE DE BJARNE MELKEVIK:.......115

EN TANT QU'AUTEUR 115
DIRECTION ET CODIRECTION DE LIVRES......................120

Avant-propos

Réflexions épistémologiques et question de droit

L'expression «épistémologie juridique» a fait du chemin. D'un début, plutôt modeste au début du 20ème siècle et surtout rattaché à François Gény et son ouvrage intitulé «Science et technique en droit privé positif» (1913), le mot semble aujourd'hui, au 21ème siècle, avoir acquis une certaine notoriété et atteint une certaine honorabilité dans les différents milieux juridiques. Le chercheur en droit, et davantage une personne qui revendique être «scientifique» à l'égard du droit, ne peut guère en faire abstraction actuellement qu'au risque de se faire reprocher un manque de sérieux ou encore une légèreté scientifique critiquable et surtout coupable. La situation en ce sens se présente, à premier vue, bien encourageante et manifeste le fait que les juristes se prêtent à respecter certaines contraintes épistémologiques dans leurs rôles d'auteurs de doctrine juridique ou encore en tant que guides intellectuels pour la création d'un «droit» apte à nous servir.

Au-delà d'une telle image d'Épinal, la situation réelle nous semble être bien plus compliquée et critiquable. S'observe plutôt la tendance contraire, au lieu de respecter l'épistémologie juridique en tant qu'un lieu de réflexion sur la scientificité envisageable en droit, c'est plutôt «une épistémologie juridique» de justification (et de protection), de fondation (et d'apologie doctrinale) et de référence idéologique (et d'égarement et de surinvestissement théorique), qui s'installe dans les esprits. C'est un faux, en d'autres termes une «épistémologie juridique» qui détourne le «sens» du droit et qui se décline insidieusement vers l'idéologie d'avoir «raison le premier» et de se croire aristocratiquement à mille lieux de toute critique et de tout «rendre-compte» scientifique. L'exigence épistémologique qui était supposée se concrétiser à l'égard d'un «faire droit» (et dans les paramètres de sens de ce «faire» en pratique juridique), se retrouve subitement et négativement à son opposé, à savoir dans une «épistémologique juridique» de circonstances et dans le rôle de justification, de fondation et d'idéologie à la mode du jour.

Si, dans le monde juridique, l'épistémologie s'oriente vers le rôle ingrat d'un *a priori* prêt à se transmuter idéologiquement en méthodologie juridique, en théorie de l'interprétation, ou simplement en «modèle théorique» préétabli, nous avons un réel problème épistémologique. En conséquence, l'objectif de notre livre se résume à réfléchir sur ce problème et de le faire sous l'auspice d'une interrogation qui est elle-même de l'ordre de l'épistémologie juridique. Il faut impérativement critiquer et évincer, autant que possible, le recours idéologique à un «déjà-droit», un droit déjà là d'une façon ou d'une autre, et qui peut agir (sans aucun acte délibératif de création) en tant que «justification, fondation et idéologie» dans le domaine de droit, ou pire, en tant que «Idéo-droit» propre à ses investigateurs membres d'une secte doctrinale.

La référence critique (et déconstructionniste) au «déjà-droit» est en soi, comme cela se révélera, de l'ordre de l'épistémologie et nullement conceptuel. Affirmons qu'il s'agit de l'identification épistémologique d'un «syndrome» dans le sens étymologique: à savoir la constatation d'un ensemble de signes cliniques et de symptômes que se révèlerait lors d'un examen médical (et intellectuel). Il s'agit d'un mot issu du grec ancien qui signifie «conjonction» ou «réunion d'éléments distincts» et donc disponible pour effectuer un diagnostic ou encore un jugement intellectuel. Quoique le mot «syndrome» ait servi le langage du médecin, affirmons que le «déjà-droit» est une réunion d'éléments distincts postulant l'existence ou l'objectivité du «droit» comme étant là, déjà-fait, déjà tout prêt, déjà là en tant qu'objet, ou encore comme étant présent dans une théorie, dans un paradigme, dans un système, ou dans tout ce que le partisan d'un déjà-droit investie selon sa vocation, son idéologie ou sa théorie. Le déjà-droit, c'est mettre le carrosse en avant des chevaux et prétendre que celui-ci est là pour faire bouge ces derniers, ou plus grossièrement, c'est prétendre que la queue fait bouger le chien.

Le plus discuté aujourd'hui des «syndromes» est certainement le sida. Or, le sida n'est pas une maladie, mais une réunion d'éléments distincts qui provoquent la destruction, complètement ou partiellement, du système immunitaire d'un individu. En fait, personne ne meurt de sida, on meurt en raison de toutes sortes de maladies qui attaquent le corps, incapable de se protéger en raison d'une faiblesse du système immunitaire. De même, la croyance en un «déjà-droit» peut autant servir à détruire le système immunitaire d'un droit sain, qu'à endommager le sens d'un droit à faire et à notre avantage, et surtout corrompre notre compréhension de la modernité juridique. Celui qui croit que la théorie juridique peut être une forme de système hypothético-déductif de propositions, ou encore celui qui estime que cette même théorie peut être un paradigme de compréhension ou de recherche «en droit» (*sic*!), se trompe lamentablement; pire encore il expulse la modernité juridique au profit de sa vision d'un Idéo-droit étroit et trompeur. Nonobstant que cela se fait en se référant à un système, une «pluralité», une «normativité» ou d'autres idéogrammes du même ordre, c'est la modernité qui se trahit dans sa raison d'être, à savoir dans son insistance sur les cosociétaires en tant qu'acteurs de ce qui peut se faire sous l'étiquette «droit».

Il y a indubitablement un versant «clinique» ou mieux «thérapeutique», puisque nous sommes en présence d'un jugement intellectuel. Nous jugeons le «syndrome» du déjà-droit et nous n'apprécions pas ce que nous observons, puisque trop irrationnel, trop obscurantiste ou, surtout, parce que cela ne nous sert pas réellement. C'est autant un diagnostic qui se fait, car s'observe aujourd'hui que la théorie «du droit» s'installe amplement dans une logique soliloque et dans un monde platonicien à part, et prétendant être capable de «dire le droit». De larges pans d'écrivains de la théorie du «droit» ont ainsi délaissé la dernière des attaches à la pratique juridique pour désormais entièrement et sans gêne se soumettre à la lubie du monde des idées. Ce sont des théories du «droit» désormais sans intérêt pour le faire-droit et pour les juristes. Leurs théories ne servent qu'à mousser leur capital symbolique ou encore servent pour l'ascension dans les oligarchies juridiques et idéologiques, pour rien dire de l'ascension sociale. Dans une faculté de droit, leurs théories sont devenues un arme théorique maniée aristocratiquement par un(e) professeur(e) et, telle une abnégation et une abomination, sont tout à fait inutiles, sauf si ce n'est que pour former des imbéciles au service de nos oligarchies de droite ou de gauche.

La plus importante question en épistémologie juridique se révèle être celle de l'objet, ou du non-objet, de connaissance. Existe-il un «objet - droit» à connaître? La connaissance en droit ne se rapporte-elle pas plutôt pratiquement aux «sources du droit» (*ius fons*) se trouvant «hors droit» ou «hors objet» et ayant pour fonction de servir l'entreprise juridique dans une logique de «faire»? Le droit existe-il vraiment «objectivement» ou «préalablement» dans la société, ou existe-t-il dans un domaine objectivant dit opportunément «droit» ou encore dans un «devoir-être» à la façon de Platon et Kelsen en passant par Kant? Le droit existe-il? La réponse épistémologique est bien sûr «non», car le mot «existence» est inadéquat!

De là la tension idéologique ou encore «positiviste» (ou positivisme métaphysique), où il se présuppose en innocence épistémologique que le verbe «existent» et le terme «existence» se résument par une logique de tropes ou encore par des pétitions de principes à l'infini se rapportant aux objectifications textuelles ou «réalistes». Se constate aisément que le ver est dans la pomme et que les partisans qui croient avoir: a) l'accès à un existant, b) accès sur le mode de connaissance directe et c) accès au «droit», n'ont qu'à croire en tout irrationalité que là où se trouve le concept se trouve la réalité, ou encore l'objectification de ce même «droit». Dans leur irrationalité, le «droit» est conçu (et compris) telle une pomme qui se récolte toute fraîche dans l'arbre.

Au fond, le problème est qu'aujourd'hui la «théorie» est devenue indépendante de la pratique. Dans une chronologie longue et tourmentée s'observe le fait que les théories ont de plus en plus tourné le dos à la pratique juridique pour s'auto-valoriser ou s'autoproduire en tant que constructions intellectuelles. Dès Hans Kelsen qui construisait un vocabulaire et un monde imaginaire pour le bénéfice de sa théorie du «droit» (*sic*!), le phénomène a accéléré pour prendre des routes de plus en plus exotiques ou encore imaginaires. Les théories du «droit» se rapportent à quoi aujourd'hui? Le plus souvent à rien! Ou encore à des chaînes de lectures théoriques qui se justifient l'une dans l'autre – comme des romans en chaîne – et où finalement le mot «droit» n'a plus aucun sens, sinon pour vendre la marchandise de l'auteur(e), ou plus probable pour saisir et accroître le pouvoir oligarchique au profit de lui-même et de ses protégés ou adeptes. Pour s'en convaincre, il n'y a qu'à feuilleter les savantes revues de droit publiées aux États-Unis et s'interroger sur l'utilisation du mot «droit» qui est utilisé sans queue ni tête, nonchalamment au fil des pages. Le mot se rapporte le plus souvent à rien de «pratique», sinon entièrement à l'idéologie de l'investigateur du moment et à la lutte de pouvoirs que les oligarchies juridiques (*sic*!), politiques, mondialisées (ou anti-mondialisées), pluralistes, etc., mènent entre elles. Bienvenue à la «foire des vanités»!

Les trois essais que nous publions ici sous le titre «Épistémologie juridique et déjà-droit» cherchent à reprendre le terrain. Ils présentent une critique en règle de toute fondation (et fondationnalisme), toute justification (et procédé justificatif) et de toute tentative de faire de la théorie un paradigme pour le «droit» (*sic*!). Il s'agit évidemment d'essais critiques dans le sens de résistance aux «chants des sirènes» qui, pareil au péril d'Ulysse (de l'Odyssée d'Homer), peuvent bien être envoûtants et beaux, mais qui provoqueront notre naufrage intellectuel et moral si nous ne nous tenons pas débout.

Il ne faut jamais céder à la tentation de croire à l'existence d'un «déjà-droit», d'un droit déjà ici et là, et magiquement présent dans un monde objectif et prêt à être cueilli par notre théorie. Il n'y a aucune raison de céder à l'irrationnel, il nous faut plutôt résister, protester et hurler épistémologiquement contre l'irrationalité d'un «déjà-droit».

I

Un peu de débroussaillage dans le domaine de l'épistémologie juridique

Il faut commencer par là! Par un peu de débroussaillage dans le domaine de l'épistémologie juridique! Il y a en effet un besoin criant pour un tel ménage ne serait-ce que pour émonder un monde juridique qui croule sous le poids des «partis pris» non-assumés ou encore des modèles idéologiques lourds et contre-productifs, mais surtout, pour apporter un vent de fraîcheur sur le dogmatisme qu'accompagne et qui hypothèque aujourd'hui lourdement ce qu'on appelle communément la «science juridique».

En conséquence, l'objectif que nous nous donnons est de tracer une ligne de démarcation épistémologique à l'égard d'un surinvestissement dogmatique où s'engloutit une large portion de la pensée juridique contemporaine. Il s'agit, en d'autres mots, de procéder à un défrichage salutaire dans un domaine juridique qui en a cruellement besoin et où il convient d'arracher les mauvaises herbes, les plantes malades, les pousses sans avenir. En ce sens, nos propos servent surtout de préliminaires, de prolégomènes, à l'égard d'une pensée épistémologique qui désormais ne vise que la possibilité du droit à l'intérieur de la modernité juridique; bref, une finalité prophylactique accompagne nos réflexions juridiques et philosophiques.

Afin d'atteindre notre objectif, nous procéderons par l'analyse de quatre thèses d'épistémologique juridique, à savoir: (1) que le droit «n'existe» pas; (2) que la «factualité» ne permet aucun raisonnement sur le «droit»; (3) qu'il n'existe aucun «déjà-droit» rationnellement disponible dans ce monde; et (4) qu'il est irrationnel (et illogique) de croire qu'en semant des concepts on récolte le droit. Si ces quatre thèses sont expliquées l'une après l'autre, il faut garder à l'esprit qu'elles s'imbriquent, s'épousent et s'enchaînent rationnellement telles des poupées russes pour, ensemble, s'échafauder en une série de positionnements épistémologiques mettant en valeur une compréhension moderniste du droit.

Thèse 1. Le droit n'existe pas.

Notre première thèse soutient avec fermeté que le droit «n'existe» pas! Il nous faut accepter ou admettre que le droit n'a aucun «existence» réelle ou empirique dans le monde. Le droit n'a aucune existence physique ou matérielle dans le monde social ou politique et encore moins une existence sur le mode de l'existant ou l'effectif, pour ne rien dire de l'être ou de l'avoir, et qu'il convient en fin de compte d'agir et de penser en conséquence. Il faut chasser le penchant irrationnel et dogmatique de parler du ou sur le droit comme s'il existait d'une façon ou d'une autre, puisqu'il n'existe pas. Le mode d'un «existant» est inadéquat en ce qui concerne le droit.

Il n'existe en ce sens aucun «objet» dit «droit» dans le monde réel, matériel, factuel, ou simplement «palpable»! Le droit n'a pas ou n'est pas un «en soi» et nous n'avons aucun moyen scientifique qui puisse nous permettre de savoir à quoi peut correspondre réellement, effectivement ou objectivement cette représentation symbolique dit «droit». Il est donc erroné d'écrire et de penser comme si le «droit» existait comme «objet» que l'on peut appréhender! Nous observons pourtant que plusieurs théoriciens, ou encore des écrivains de doctrine et de dogmatique dite opportunément juridique, écrivent, parlent, raisonnent et prétendent que le droit «existe». Ils ne se servent pas littéralement du mot «existence» (ou «empirique»), mais vont plutôt situer la question du droit sur l'axe de l'être et de l'avoir, pour ne citer que cet exemple. Dans ce courant, deux écoles théoriques et dogmatiques, qui certainement s'imbriquent l'une dans l'autre, peuvent aisément être identifiées.

Une première tradition (ou faction) structure le parler «droit» sur le mode de l'être et prétend que le droit existe dans la «réalité», dans la «société», dans la «matérialité», dans les «faits» et ainsi de suite, en mobilisant quelques mots à cet effet. Pour cette tradition, le «droit» existe parce que sa matérialité se reflète dans une panoplie de concepts qui témoignent fidèlement que ce «droit» existe. Les mots habituellement utilisés laissent croire que le droit s'observe par l'existence de «règles de droit», de «normes», de «normativité», ou encore par des mots tels que «l'État de droit» ou par d'autres procédés linguistiques du même ordre. La stratégie discursive mise en branle postule en somme que l'utilisation de ces mots confirme leurs existences dans la réalité et comme étant authentiquement là en tant que «droit».

Une deuxième tradition (ou faction) structure le parler «droit» sur l'axe de l'avoir et prétend que le droit existe parce que nous possédons des «droits». Dans la lignée de cette stratégie discursive, le monde est plein et rempli des «avoir-droits» distribués aux individus, de même que, plus modestement, aux entités collectives ou corporatives. Dans cette conception, le droit apparaît tel un trousseau que chaque individu reçoit à sa naissance (mais surtout pas avant!) et qu'il délaissera à son mort (et encore!). C'est un monde de l'avoir -- un monde de consommation – où le «droit» est pensé comme une marchandise ou encore, plus aristocratique, comme un statut social. À la limite, un tel octroi de statut social (ou politique ou, erronément, «juridique») peut surtout servir pour absorber (et rendre irrationnel) la question du «droit» à l'intérieur des concepts métaphysiques tels que «souveraineté», «égalité», «dignité» et *tutti quanti*.

Réitérons donc que les deux traditions s'imbriquent l'une dans l'autre et qu'il peut même être difficile de les rencontrer dans la splendeur de leurs puretés exclusives. Ainsi, un théoricien moderne du droit peut facilement succomber au désir de piocher allégrement dans l'une ou l'autre ou les mélanger à sa guise, à la mesure de l'étendue de ses investissements dogmatiques ou idéologiques. D'ailleurs, le mélange de l'être et de l'avoir (présupposés de «droit») se prête au jeu de la créativité et de l'imagination de l'alchimiste.

Ce qui résulte d'une telle construction psychologique dite de «droit» peut être approfondie sur le plan épistémologique. Confirmons d'abord, en nous situant strictement au niveau de la «conscience psychologique», que le chercheur (ou plutôt l'idéologue-juriste) se forge d'emblée une image psychologique intermédiaire entre lui-même et le «droit». Le postulat de l'existence du droit ne sert ici, illégitimement et idéologiquement, qu'à construire un écran intermédiaire de scientificité et le plus souvent un recours à une construction idéologie (voire métaphysique) qui sait toujours où le «droit» se loge dans la réalité. Il s'agit, épistémologiquement parlant, d'un écran psychologique intermédiaire qui rassure le chercheur quant à l'existence du «droit» là où sa psychologie dicte qu'il existe ou qu'il se trouve! Il en résulte ainsi que le «droit» est là où il doit psychologiquement (ou «empiriquement») exister, là précisément où la conception psychologique le trouve, à savoir en tant qu'une émanation psychologique intermédiaire qui épouse les formes linguistiques qui la confirment sur le mode d'un existant, de l'être et de l'avoir.

Soulignons ensuite, en nous situant cette fois au niveau de la «pseudoscience», que se trouvera alors la nécessité, pour un partisan d'un mode existant du «droit», d'introduire l'image que le «droit» relève d'un savoir, d'une connaissance ou encore d'une science. Il s'agit de construire consciencieusement l'image-objet du «droit» comme quelque chose qui se «découvre», qui se «sait», qui se «connaît» ou qui s'«expérimente scientifiquement». Remarquons également que le «droit» (ou l'Idéo-droit qui le remplace ici) relève d'une positivité (de l'être ou de l'avoir, selon le choix) et qu'il faut alors que celui qui «sait» parle en son nom. Il s'agit en fait de faire accepter, ou concevoir, que le droit est un domaine d'exception auquel, concrètement, l'homme et la femme ne doivent pas toucher et à propos duquel ils doivent, encore moins, oser prendre la parole. Le droit serait donc un domaine exclusif aux gens qui savent, qui connaissent et qui font de la «science».

Quant à l'ancrage au «réel», il s'agit, théoriquement, de faire alliance avec un pouvoir organisé ou institutionnalisé, ou plus exactement avec un des centres du pouvoir qui gravitent autour du «droit», ou dit plus lucidement: qui fait tournoyer le «droit» sur de lui-même en tant qu'émanation de l'autorité! En fin de compte, il s'agit d'un choix idéologique dans le sens précis qu'il faut de l'efficacité, un moment de matérialisation d'un pouvoir agissant dans le monde pour assurer la pertinence du mode d'existence préféré. Celui qui, par exemple, a investi l'axe de «l'être» sera enclin à le concrétiser sur le plan des juges ou encore de la législature, car cela lui permettra d'affirmer, preuve à l'appui, qu'il a vu juste et que l'effectivité de ces institutions confirme sa conception du droit (ou simplement de l'«Idéo-droit» adroitement mobilisé). Celui qui, de son côté, opte pour l'image de «l'avoir» sera attiré vers l'efficacité du «droit» sur le plan du sociologisme, du «pluralisme» et autres constructions idéologiques semblables à la mode.

Il devient aisé de concevoir les raisons pour lesquelles la thèse d'un droit «existant» récolte un tel succès dans les milieux juridiques et de comprendre un tel engouement puisque cela procure un réconfort psychologique quant à un droit supposé immédiatement opérationnel *hic et nunc* – et où il n'est plus nécessaire de faire le chemin de Canossa pour avoir la certitude ou encore pour faire du «droit». Cette imagerie dite de «droit» est psychologiquement rassurante, or, il ne s'agit en fait que d'un écran de fumée où la séduction, voire la force illusoire, des mots remplace finalement le «réel» (compris sobrement, en ce qui nous concerne, en tant que le vécu des hommes et des femmes de ce monde). Il faut plutôt se rendre à l'évidence qu'il est, strictement parlant, impossible de prouver ou d'avoir accès au droit en employant le mode d'un «existant» et que ceux qui s'engagent dans une telle avenue risquent autant leur santé intellectuelle que le bien-être de leur conscience.

Nous avons en fait tort, terriblement tort, de croire à la beauté de la chimère (ou de l'être) du «droit» que nous imaginons régir nos sociétés modernes – en reprenant le mythe païen de Zeus régnant par le «droit» autant sur le cosmos que sur la société des hommes – et d'ignorer les nombreuses nations du monde où le mot «droit» brille, plus ou moins, par son absence. Loin des images métaphysiques d'un «droit» régnant, ou d'un état de fait ou de normativité, il s'agit de reconnaître, avec lucidité, que le droit ne régit rien, que tous les discours qui affirment que les conduites humaines sont régies par le droit, ne sont pas exacts. Affirmons plutôt le contraire, à savoir que toutes les conduites humaines ne sont en rien régies par le «droit» (par l'«idéo-droit»). Loin de tels imaginaires, un peu de lucidité et de réalisme ne feront certainement pas de mal et serviront à défendre la santé intellectuelle du droit!

Insistons ainsi sur le fait que le droit s'inscrit uniquement sur le registre des possibilités et surtout en tant qu'une possibilité qui se trahit et qui s'obscurcit rapidement si notre sens de la réalité et celui du «juridique» ne sont pas aux aguets. Vouloir toujours privilégier une solution pratique du droit, le défendre ardemment et inlassablement œuvrer en faveur de la santé intellectuelle du droit, n'a de ce fait rien de fortuit, sinon représente, défendons-le, la voie où il faut s'engager sans illusion avec des raisons et des arguments. Vu de cette façon, le droit s'engage fermement en faveur d'une possibilité pratique et se comprend donc autrement qu'un «existant» réconfortant et idéologique.

Thèse 2. Écarter l'idéologie d'un saut des «données factuelles» vers le «droit».

Notre deuxième thèse défend qu'une factualité (ou un donné factuel ou empirique) ne permet aucun raisonnement sur le «droit». Ici un rappel à David Hume suffit. Il convient toutefois d'admettre que nos contemporains se moquent de sa mise au ban de toute «paralogisme naturaliste», à savoir l'interdiction rationnelle de postuler un devoir-être à partir d'une proposition de l'être, ou encore l'irrationalité de faire un saut du «fait» au droit. Aujourd'hui un tel rappel fonctionne plutôt mal car si le droit est également «un fait», ce fait (ou «factualité») doit pouvoir autoriser, imagine-t-on, le «saut» vers un autre «fait» pour finalement aboutir au «droit»! Un partisan de la recherche «empirique» sur le «droit» (ou simplement sur une conception de l'Idéo-droit factuel) se sent autorisé de sauter dans toutes les directions (et de confondre l'être et le devoir-être dans une soupe positiviste qu'il ne soupçonne même pas d'être irrationnelle) ou encore de se moquer éperdument de Hume et de sauter de «fait-droit» au «droit-fait». Il est impératif de mettre une barrière et de condamner ce nouvel irrationalisme en raison des dégâts épistémologiques qui en résultent, pour plutôt réaffirmer que la «factualité» ne permet aucun raisonnement (ou saut) vers ou sur ou dans le droit.

Rappelons donc que si le droit existe (ce que nous récusons), ou encore si le «déjà-droit» (nous expliquons ce concept ci-après) est là dans la société ou dans le «droit» (ce que nous récusons également), il s'ensuivrait qu'il existe une factualité de droit déjà existante dans la société. Un théoricien peut subséquemment être tenté de prendre un raccourci pour prétendre que le droit est déjà-là en tant qu'une factualité qui se confirme (idéologiquement – car aucune autre confirmation n'est épistémologiquement disponible ni valable!) au niveau sociologique, politico-logique, ethnographique, anthropologique, culturellement et ainsi de suite. En somme, un tel chercheur peut se créer confortablement une image maniable d'un «droit» factuellement *là* et que nous pouvons, à force d'accepter une telle imagerie irrationnelle, reprendre et utiliser au niveau du «droit» juridique. Il s'agit en fait de «sauter» des factualités imaginées vers le droit opportunément dit positif et déjà-là, ou encore d'introduire frauduleusement un «pluralisme du droit» le matin, que nous retrouvons le soir sous l'étiquette, plus sexy, de «droit pluriel» et ce, sans effort intellectuel de notre part.

Quelles seront donc les stratégies de nos apprentis-alchimistes pour parvenir à un tel exploit? Nous en identifions trois.

La première stratégie consiste à renommer! On veillera ensuite à s'autoattribuer une position d'autorité où il sera admis qu'un mot en remplace un autre, ou encore de faire accepter B comme étant en vérité A, ou encore que Dupont est en vérité Dupond. Autrement dit, il s'agit de faire admettre que la coutume est «droit», que les mœurs sont «droit», les habitudes sont «droit», que les obligations religieuses sont «droit» et ainsi de suite selon l'énumération factuelle que chacun préfère. En reprenant des factualités qui existent dans le monde, on peut les rebaptiser, les catégoriser, comme étant authentiquement de «droit» et ce, avec le contenu qui sied à la fantaisie factuelle mobilisée pour l'occasion. Cela permet surtout d'avoir à sa disposition autant de «fait-droit» que de «droit-fait» et de s'assurer du même coup qu'on ne peut jamais se tromper!

Une deuxième stratégie consiste à affirmer qu'il existe un objet de recherche dit «droit» dans le monde et que nous pouvons, grâce à celui-ci, faire de la «recherche en droit». En fait, deux chemins se croisent ici: l'un consiste à affirmer que l'objet dit «droit» existe empiriquement dans la réalité ou encore dans la société et que nous pouvons en conséquence faire de la recherche empirique sur ce même «droit»; l'autre consiste à soutenir qu'il faut construire un objet dit «droit» et qu'à partir d'une telle construction la route est libre pour faire de la recherche en «droit». Bref, suivant ces approches, ce qui est investi dans la construction est considéré comme étant présent dans la réalité ou dans la société. Si vous arrivez à faire admettre qu'il existe ainsi un «objet-fait» de droit, on peut en toute tranquillité faire de la recherche en «droit» dans les domaines de la sociologie, de la politologie, de l'anthropologie, etc., et, à l'inverse, «faire de la recherche» en sociologie, en politologie, en anthropologie et ainsi prétendre que vous enseigner le «droit».

Enfin, une troisième stratégie consiste à exploiter l'appréciation psychologique de la réalité sociale ou factuelle. Il s'agit, plus exactement, de travailler la psychologie humaine ou précisément notre propension à croire que le «droit» correspond à la réalité, pour ainsi prétendre que des situations sociales et factuelles (par exemple, pluralisme, multiculturalisme, etc.) ou encore des mots à la mode (comme encore une fois le pluralisme) ou enfin la dynamique même de l'évolution factuelle (résumée dans des mots comme «la reconnaissance», «pluralisme», «multi» cela ou ceci, «post» cela ou ceci) englobent la situation du «droit», voire l'état du droit. En fait, une caverne d'Ali Baba s'ouvre ici devant nos yeux où l'habituel «Sésame, ouvre-toi» est remplacé par le «droit-fait/fait-droit-ouvre-toi»! Or, le résultat sera le même: une caverne, ou un «droit», pleine de merveilles qui éblouissent les yeux et font tourner la tête. Comme tout conte de fée, il faut simplement y croire!

C'est en somme une image, une chimère qui se crée et qui n'admet que la construction d'un cercle de «droit à droit» pareil à un cercle de «faits à faits». Autrement dit, il s'agit d'une imagerie inversée où désormais le miroitement platonicien des idées sera remplacé par la moirure des «faits», ou simplement par l'assurance et la confirmation que le «droit» se reflète dans le «droit». Toutes pratique identifiable factuellement sera ainsi automatiquement identifiable en tant que «droit»; de même, les coutumes et les mœurs – surtout si elles sont exotiques ou possèdent une protection du type «politiquement correct» – seront également considérées comme étant du «droit». Même l'éthique, à condition qu'elle soit factuelle, est «droit». L'image qui en résulte, à savoir qu'il existe un répondant «droit» à tout ce qui se produit dans la société, est une idée tellement séduisante que tout le monde y croit et s'y accroche (surtout les juristes)!

Le partisan des «sauts du droit» peut en somme affirmer, avec certitude, qu'il n'exprime pas de souhait, d'idéal ou d'utopie; avec véhémence, il claironnera qu'il ne saute pas de l'être au devoir-être (i.e. le «il-ne-faut-pas» humien) et, avec ardeur, il clamera qu'il n'énonce que le résultat ultime et final du positivisme scientifique, l'état du monde ou encore l'état d'un droit (ou l'État du droit) qui est supposé exister et s'exprimer par l'utilisation illimitée du suffixe «droit». Il affirmera surtout et avec conviction que l'image factuelle qu'il a forgée du «droit» relève d'un savoir, d'une Connaissance ou encore d'une science, dont la possession lui revient à titre unique.

Contre les partisans des «factualités» de droit ou des «sauts du fait-droit au droit-fait», retenons deux arguments.

Premièrement, soulignons que les faits, ou encore «la facticité», sont effectivement notre cadre de vie. Or, ce cadre de vie, de même que les événements qui s'y déroulent, heureux ou malheureux, nécessite toujours une interprétation, d'où le constat que tout «fait» peut être interprété de mille façons et que nous n'avons pas à faire appel à Nietzsche pour confirmer que les faits qu'on nous présente ne sont guère autre chose que des interprétations qu'on nous impose d'accepter sans protestation possible. D'ailleurs, le langage de l'interprétation, ou encore la «traduction», ne se désigne guère autrement qu'en tant qu'une langue de l'autorité et de l'hétéronomie et surtout en tant qu'une impasse qui nous mène vers l'antidroit. Abordant la question sous l'angle de l'épistémologie juridique, nous soutenons que «l'interprétation» ne peut donc être qu'une position monologique insuffisante et toujours en manque d'un éclaircissement argumentatif pour le purger d'un antijuridisme congénital. Cela est d'autant plus vrai que les faits n'auront jamais d'autorité en «droit»!

Deuxièmement, poursuivons notre argumentation, mais cette fois contre les partisans des «sauts du droit», en rappelant que lorsque la question du jugement devient tellement importante dans et pour le droit, c'est parce qu'en droit il n'y a pas de «jugement de fait» possible. Les «faits» n'existent pas en droit et, pire encore, le droit ne pourrait permettre d'accepter un discours de «faits» qu'au risque de perdre, littéralement parlant, son «âme» et surtout de déraper vers son contraire, à savoir vers le non-droit ou simplement vers l'oppression d'autrui! En droit, seule la question de «preuve» compte. Les interrogations sur les «faits» n'ont de sens que dans la mesure où elles peuvent être contestées et écartées argumentativement dans le cadre d'une procédure équitable.

En somme, il est irrationnel de croire qu'une problématique juridique puisse être résolue au niveau factuel ou encore de présumer qu'une quelconque factualité puisse permettre de faire un saut vers le droit! Il s'agit d'une fraude intellectuelle de faire croire que nous pouvons nommer des factualités «droit» pour les considérer idéologiquement comme tel! Rien de sain ne peut découler d'un tel exercice.

Thèse 3. Écarter l'idéologie du «déjà-droit».

Notre troisième thèse défend, en droit ligne avec la précédente, qu'il faut impérativement écarter toute conception, idéologique ou référentielle, à un «déjà-droit». Cela n'existe pas; il n'y a pas de «déjà-droit» dans le monde ou dans les sociétés. Autant le droit n'a aucune existence physique, matérielle ou sociale, autant toute imagerie de «déjà-droit» doit être écartée et rejetée avec vigueur hors de notre horizon juridique. Il convient d'enrayer toute trace, toute idéologie, toute croyance qui postule l'existence ou la phénoménalité d'un «déjà-droit», à savoir l'image d'un «droit» qui est là et supposément «juridiquement». Pour comprendre une telle thèse, il faut analyser le mécanisme idéologique en œuvre dans une telle croyance d'un «déjà-droit» et l'effet terrible qu'il provoque quant à la compréhension (et à la possibilité) du droit.

Notre point de départ analytique est des plus élémentaires, à savoir que si le droit se fait en pratique, il «se fait en pratique» - mais la théorie, et tout ce qui peut se dire sur la pratique, est un tout autre sujet! Le droit se constate en pratique et en *post festum* par une jurisprudence écrite au singulier, c'est tout! Il n'y a donc aucune possibilité de «déjà-droit», d'où la nécessité pour les partisans du ou d'un «déjà-droit» de fusionner pratique et théorie pour obtenir un modèle de «déjà-droit» opérationnel et qu'ils pourront modeler à leur guise.

Longtemps les juristes, même les plus aguerries parmi eux, ont en effet cultivé une idéologie de l'immédiateté entre les deux domaines de la pensée juridique. À les croire, c'est comme si l'un suivait l'autre dans une dialectique du miroir, ou simplement dans le miroitement de deux pages d'un livre où l'une des pages se reflète dans l'autre en tant qu'équivalence discursive. C'est comme si le langage, ou encore le degré de «lisibilité», était supposé se miroiter de la page droite à la page gauche, ou, comprenons bien, de la page théorique à la page pratique: «déjà-droit» d'un côté et «déjà-droit» de l'autre.

C'est effectivement cette imagerie du miroir qui est reprise par les théoriciens du «déjà-droit», car si l'image miroitante est là, le résultat, selon eux, est que cette forme d'idéologie peut immédiatement être escomptée en tant qu'une fusion qui exprime à sa façon le « déjà-là », à savoir le «déjà-droit». Certes, s'exprime ainsi la vérité simple relative à la traductibilité de la pratique et de la théorie, mais elle décrit de surcroît l'image d'une traduction déjà faite, déjà là et opérationnelle en tant que telle, et surtout l'image idéologique, en soi plus spéculative qu'irrationnelle, d'un «déjà-droit» qui se «miroite» et qui est donc toujours supposément là, «du pareil au même»: droit d'un côté, droit de l'autre! En d'autres mots, il s'agit d'une confusion des deux et l'image d'un «déjà-droit» qui ne renvoie que vers «le retour» -

toujours miroitant – soit vers la théorie de la pratique, soit vers la pratique de la théorie.

Une des raisons qui explique le succès du déjà-droit dans le domaine du droit relève de la relation entre pratique (c'est-à-dire ce qui concerne les faits, la réalité, l'action/une manière d'agir rationnellement, l'argumentation) et théorie (soit ensemble des «connaissances»/savoirs abstraits/spéculation intellectuelle à caractère hypothétique) en droit. Il est facile d'imaginer comment un tel réductionnisme, qui est en soi une absurdité épistémologique, a tout pour séduire le monde juridique. Un théoricien, ou encore un «dogmaticien» du droit, pourrait avec aplomb déclarer, ou plus subtilement laisser croire, qu'il «écrit le droit». Il pourrait même imaginer des concepts tels que «règle de droit», «norme juridique», «validité juridique», «constitutionnalité», «principes juridiques», pour ainsi faire passer la théorie comme étant la pratique, ou encore le «droit». Un concept théorique issu d'une telle fantaisie constitue en fait un «pont» – ou encore un trope de circonstance – avant de devenir un langage à part dans lequel théorie et pratique ont fusionné dans l'image d'un «droit déjà-là», ou un «Idéo-droit» de circonstance! Le seul absent dans une telle danse des tropes, à savoir le concept de l' «État de droit», devra par la suite se faire inviter à joindre la fête pour bien sûr devenir, tel un jubilaire, le «monument idéologique» à célébrer en tant que confirmation du «déjà-droit».

De telles manœuvres peuvent servir, au niveau d'une idéologie collective, à souder, autant que possible, une société de plus en plus hédoniste et narcissique, autrement dit pluraliste et multiculturelle, pour ainsi stabiliser les attentes à l'intérieur d'un cadre de l'*a priori*. Ce qui se perd cependant, c'est l'horizon du sens pratique à l'intérieur de notre modernité juridique.

En conséquence, celui qui croit à un tel «déjà-droit», nonobstant son mode d'énonciation ou de justification, risque de ne rien comprendre dans une société moderne, ni la réalité contemporaine, ni l'exigence juridique. Lorsque nous acceptons la position du «déjà-droit», il y a péril en la demeure puisque cette idéologie se dresse aussitôt comme un obstacle, un mur, une «légitimité» illégitime qui empêche tout jugement juridique adéquat sur les faits et qui, pire encore, risque de laisser triompher la force, le pouvoir ou les oligarchies qui nous gouvernent si adroitement. La menace que ces dernières font peser sur toute entreprise juridique se renforce d'ailleurs par la facilité avec laquelle elles peuvent se servir de l'idéologie du «déjà-droit», le masquant en utilisant des mots tels que «constitutionnalisme», ou «doctrine du droit», ou «expertise juridique», ou toute autre formule de ce même acabit, en vue de faire courber toute objection, de briser toute résistance qui souhaite un droit moderne.

Appuyons donc avec conviction l'argument suivant lequel aucune conception de «déjà-droit» ne doit être acceptée! Il convient plutôt de soutenir que la question du droit se résout en pratique dans un monde réel avec des individus en chair et en os et ne se présente finalement que comme l'aboutissement d'une controverse résolue d'une façon procédurale, discursive, argumentative, dialectique et par un jugement judiciaire approprié. Si chaque juriste ou avocat peut avoir ses propres interprétations concernant le droit qu'il convient de se donner, c'est une toute autre question de forger des arguments acceptables pour tous ou juridiquement. Le droit se fait donc en pratique et toute croyance dans un «déjà-droit» n'a pas d'objet; il n'existe pas de bon ou de mauvais droit, ou encore de «déjà-droit», mais plutôt un travail interprétatif et argumentaire bien ou mal fait par des juristes, des avocats(es) et des juges. Si nous faisons mal le droit, le droit sera «mauvais», si nous faisons bien notre boulot de juriste le droit sera «bien».

Thèse 4. Semer des concepts pour récolter (illusoirement) le droit.

Notre quatrième thèse rejette vigoureusement la nouvelle tendance qui consiste à semer des concepts pour récolter le «droit». Or, quand nous disons la «nouvelle tendance» cela n'est pas strictement exact puisqu'il s'agit plutôt d'un retour en force d'une des maladies infantiles de la théorie et de la doctrine du droit, et qui revient à la mode avec plus de puissance et de vigueur grâce au manque de vigilance intellectuelle et aux anticorps théoriques des juristes. Il s'agit donc d'un avatar d'hier qui revient aujourd'hui et contre lequel il faut insister sur ce qui devrait être évident pour tous, à savoir que rien ne s'obtient par le fait de devenir propriétaire de concept ou en semant des «concepts» à tout vent en croyant, ou en laissant croire, qu'on a ensemencé du «droit».

La stratégie des semeurs de concepts et leurs tactiques pour s'accaparer du terrain et du pouvoir à l'intérieur de la science juridique, peuvent être exemplifiées en analysant les trois étapes discursives le plus fréquemment utilisées.

La première étape discursive utilisée par les semeurs de concepts consiste à faire croire qu'il existe un ou des concepts *juridiques*. Si donc les juristes refusaient historiquement toute existence «juridique» aux concepts, il en est tout autrement pour les semeurs de concepts: selon eux, il faut que le concept ait une existence juridique selon la sensibilité de l'Idéo-droit propre à chaque partisan. Dès que ce résultat est atteint, on peut alors croire et faire croire que l'on a trouvé le droit, là où l'on a semé le concept. Si on veut, on peut aussi croire et faire croire que des mots comme «propriété», «contrat», etc., sont déjà «juridiques» et font partie du droit. Le concept de «contrat» n'est donc pas uniquement un «contrat», mais il est «juridique» *in se*! Par une telle alchimie (sans oublier que c'est la controverse concernant l'interprétation pratique d'un contrat qui se dit juridique en tant que signalement d'une mode de résolution de cette même controverse) la notion désormais «juridique» commence une vie à part en tant qu'une notion idéologique propre. Une «vie de concepts» qui n'a strictement rien de «juridique» autrement que par la fantaisie conceptuelle qui peut être investie par le semeur de concepts! C'est l'autarcie du juridique.

La deuxième étape discursive consiste à faire admettre que certains mots, concepts, notions, etc., n'ont pas été correctement compris comme étant du «droit». Il faut, pour celui qui a foi en un semeur de concepts, corriger une telle méprise et accepter que certains concepts soient devenus du «droit» ou sont «juridiques». Historiquement des concepts exotiques comme «norme», «normativité», «règle», «règle de droit», «principe», «souveraineté», «contrat social», «justice», «efficacité» et *tutti quanti*, ont ainsi pu s'imposer avec succès comme étant magiquement «juridique» ou de «droit». Mais un semeur de concepts peut aujourd'hui reprendre avec élégance et conviction d'autres concepts de son cru, tels que «souveraineté», «peuple», «nation» et ainsi de suite, comme étant également du droit. Il peut également chercher avec délections dans d'autres disciplines universitaires pour trouver des concepts qu'il peut renommer et rénover comme étant du droit.

La troisième étape discursive, particulièrement affectionnée par les semeurs de concepts, consiste à croire et faire croire que d'autres mots, concepts, notions, etc., recèlent une composante dite, opportunément, de «droit». Ainsi, le «développement durable», le «commerce équitable», l' «aide au développement», l'« équité halieutique» et ainsi de suite, sont déjà, par magie, du «droit» et sont «juridiques». Si tous ces concepts récoltent aujourd'hui beaucoup de sympathie dans un monde déboussolé, pourquoi ne pas déclarer, en semant le concept, que tout cela est déjà le «droit»? On peut ainsi prétendre que les concepts sympathiques rejoignent, par la force des choses, le «droit» comme l'expression de son progressisme et de son ouverture au monde. Si ça va mal dans un coin du monde, pourquoi ne pas y semer le concept du «droit» et affirmer que le «droit» n'est pas respecté!

Comme nous pouvons le voir, les semeurs de «concepts» adorent faire croire que les concepts sont, par envoutement, déjà «juridiques» ou encore «du droit». Puisque cela est réconfortant, pourquoi ne pas y croire? Pourquoi ne pas prendre les concepts, supposément «de droit», comme point de départ et construire une «*weltanschauung*» (soit une idéologie du monde) pour les juristes? Que cela donne précisément un catalogue de concepts — tous présupposément juridiques — toujours là pour recevoir une bénédiction métaphysique (ou doctrinale) procure une certitude pour un semeur de concepts, une assurance qui lui permet, estime-t-il, de construire la doctrine ou la science du droit.

Il en résulte qu'une telle «science juridique» devrait nous offrir des concepts, des «normes», des «règles», des «principes» propres à la doctrine du droit, tout comme une quincaillerie du coin nous équipe en outils. Un semeur de concepts dits de «droit» peut se comparer à un gérant de quincaillerie qui tient un vaste inventaire prêt pour toute éventualité et malchance du monde. Il opère cette quincaillerie pour rafistoler les vieux concepts en tant que «droit», pour en forger de nouveaux, ou encore pour mettre des contenus nouveaux dans des concepts déjà existants.

En fin de compte, c'est inéluctablement le langage comme «pouvoir» qui s'atteste puisqu'une fois que la doctrine/dogmatique (toujours opportunément caractérisée comme droit) a été mise en selle comme maître des mots, tout dépend précisément du concept retenu! Celui qui a été attentif au développement de la théorie, quant à l'écriture de la dogmatique juridique, ne peut ici que devenir un peu dubitatif car, en se rappelant la fameuse école de

«Begriffenjurisprudenz», c'est-à-dire l'École des concepts, tout retourne au point de départ: dans une idéalisation des concepts qui évacue, proprement dit, toute question de droit. Si cette école a effectivement été considérée comme le sommet de la théorie du droit au XIXe siècle (et même au début du XXe siècle), n'est-il pas curieux d'observer comment elle revient, comme une onde de choc, au XXIe siècle? La première fois comme comédie, ainsi que l'aurait écrit Marx, mais cette fois en tant que tragédie.

Il y aurait certes davantage à dire sur l'idéologie de «semer des concepts pour récolter le droit», sur ses variantes et ses avatars, mais rappelons qu'aussi séduisante et réconfortante que puisse paraître une telle conception, il y a des raisons rationnelles de la rejeter. Une telle idéologie absorbe ou cristallise toute question du droit à l'intérieur d'une dogmatique (elle aussi désignée à tort comme «droit») et fait que cette question du droit se trouve disqualifiée au profit du «concept» à la mode et ou qui prédomine dans la dogmatique. De là notre avis que cette conception de l'Idéo-droit a pour effet néfaste de livrer l'individu en chair, os et âme – pour ne rien dire sur la question de son positionnement en droit - à une conception doctrinale et dogmatique entièrement bornée et dépendante des forces d'hétérogénéité qui peuplent notre vie en société. Retenons, quand à ce dernier argument, que la «vie» des «concepts», surtout dans une modernité en continuel mouvement, échappe rapidement à son cadre strictement doctrinal pour rejoindre la distribution inégale du pouvoir qui caractérise une telle société, solidifiant ainsi les forces le plus obscurantistes et rétrogrades.

Que se cache-t-il dans cette obsession de «semer des concepts» et dans le rôle de gardien de concept qui en résulte si ce n'est ce complexe d'infériorité qui gruge l'âme des juristes face aux scientifiques ou encore leur désir obsédant de faire, eux aussi, de la «science» ne serait-ce que par la jonglerie des concepts. Il nous semble en effet que ce désir se résume en fin de compte à cette «logique de concept» qui n'a simplement rien à voir avec une scientificité normalement comprise. Le semeur de concepts ne se rend pas compte que la reprise des préceptes axiomatiques ou nomothétiques qu'il préconise sous le mode de «concept de droit» ne donne jamais de «science» et surtout pas en droit. Inéluctablement, il n'en résulte qu'un surinvestissement dogmatique (ou doctrinal) et un aveuglement chronique quant au sens à donner à la question du droit dans une société démocratique.

Conclusion : Pour s'affirmer de manière plus réaliste.

Si nous avons raison, en tout ou en partie, nous rencontrons alors des problèmes dans le domaine des sciences juridiques. Nous avons des problèmes:

(1) relativement à une «scientificité» qui ne fonctionne plus adéquatement et surtout qui ne nous protège plus correctement contre un obscurantisme de plus en plus présent dans l'écriture du droit;

(2) quant à notre façon d'écrire la doctrine (ou la dogmatique) d'aujourd'hui dans laquelle se constate une abdication intellectuelle de plus en plus inquiétante et idéologique; et

(3) concernant la démarcation épistémologique à l'égard des «Idéo-droit» et des irrationalités qui s'infiltrent en droit ou encore qui adorent abuser du mot «droit» pour des raisons obscures ou simplement pour saupoudrer un discours à la mode.

Loin de nous l'idée de vouloir résoudre ces problèmes dans le cadre du présent essai. Notre objectif est plutôt de faire une prise de conscience, d'ouvrir le débat pour alimenter les réflexions et de ne jamais céder un pouce et un centimètre de terrain aux jeux de pouvoirs de nos sectateurs. En ce sens nous sommes, quant à nous, partisans d'une modernité juridique où il fait bon vivre!

II

Le ciel embrumé du déjà-droit: Une critique épistémologique

Le déjà-droit veut nous faire croire à l'existence d'un «droit» supposé «déjà là» dans la réalité sociale ou juridique. Il postule illogiquement qu'il existe une instance de «déjà-droit» ou encore un «objet-droit» prégnant dans la réalité et disponible pour une connaissance du droit. Nous récusons fermement et sans compromis cette approche puisqu'elle est impossible et irrationnelle.

Défendons, en ce qui nous concerne, que la question du droit ne s'inscrit sur aucun mode de l'existant ou de «préexistence», réelle, sociale ou encore juridique, et qu'il convient de chasser en toute lucidité, avec détermination même, de telles idiosyncrasies. L'objectif adopter est ainsi d'œuvrer en faveur de la santé intellectuelle dans le domaine de la pensée juridique et de se débarrasser de l'image si confortable, mais hélas si fallacieuse, d'un «droit» déjà ici, un «déjà-droit» disponible ou observable.

Loin de nous de faire le triste inventaire de toutes les théories (et des théoriciens) du droit qui carburent sur l'image d'un «déjà-droit» et qui construisent de châteaux en Espagne sur ce fond, sur un tel postulat. Comme cela se révélera, cela concerne en fin de compte le «positivisme» dit scientifique (et ses avatars analytiques, réalistes, empiriques, etc.) de même que les théories qui abusent des sciences humaines pour construire un objet de «déjà-droit» à leur convenance, qui leur sert bien. La question du «déjà-droit» ne se rapporte donc pas, strictement parlant, à une définition du phénomène, mais plus adéquatement au constat qu'il existe effectivement, dans le domaine de la pensée juridique, une panoplie de théories qui toutes prétendent parler, analyser et écrire comme si «le droit» existait déjà! Autrement dit, qui postule 1) que la théorie (et la méthode ou la méthodologie) nous permet de nous prononcer sur un «déjà-droit» qui existe; 2) que nous pouvons, sur le mode de l'observation, de la description ou d'une «normativité», nous référer à un «déjà-droit»; 3) que nous pouvons posséder (sur le mode de l'être et de l'avoir) ou encore vivre, existentiellement ou psychologique (en tant que support et confirmation du réel), un «déjà-droit». Le «déjà-droit» est en quelque sorte une drogue de l'esprit, ce qui se confirme autant dans ses pharmacopées positivistes ou réalistes (à la façon parisienne) que métaphysiques et sociologiques.

Afin de conjurer, autant que possible, le sort du «déjà-droit», nous développons quatre arguments épistémologiques à son encontre. Notre premier argument consiste à soutenir que le «droit» n'est qu'un résultat qui n'arrive qu'après un procès juste et équitable et que c'est absurde de prétendre disposer d'un «déjà-droit» au préalable et supposément existant dans une quelconque «réalité»; notre deuxième argument affirme ensuite que les juristes travaillent pratiquement avec des «outils-textes» pour accomplir leurs mandats et qu'il est irrationnel de prétendre que ces textes, ces outils, par leur présence, représentent un quelconque travail accompli sur le mode du «déjà-droit»; notre troisième argument défend que la relation méthodique entre l'outil-texte et la question du droit se comprend comme une maitrise des outils et qu'il est un défaut méthodologique d'objectiver les outils-textes par le biais d'une méthode en tant que déjà-droit; notre quatrième argument, quant à lui, consiste à défendre l'idée que le droit se réalise pratiquement et que la théorie (et la méthode et la méthodologie) ne nous permet jamais de nous prononcer sur le droit. Quatre arguments en somme avec un but unique, purger la pensée juridique moderne de toute idéologie d'un «déjà-droit».

1ER ARGUMENT: Le droit est le résultat d'un procès juste et équitable.

Affirmons d'emblée que le droit ne relève jamais et d'aucune façon d'un *a priori* quelconque (nonobstant si cela est formulé sous le mode normatif ou factuel, empirique ou historique, dogmatique ou généalogique, etc.), ou d'un préalable qui le confirme comme étant ce qu'il «est». Au contraire, attestons que le droit est le résultat d'un procès juste et équitable et rien d'autre et donc qu'il ne quitte jamais rationnellement cet état de «résultat». En conséquence, toute opération intellectuelle visant à métamorphoser ce «résultat» en autre chose ne changera rien à cet état de fait. Le droit, compris au niveau individuel (ou pensé sur une mode général) ne se réfère qu'à ce qu'il est devenu pour les parties ayant fait appel au «droit» et qui ont accepté que le résultat d'un procès juste et équitable doit, à un moment chronologiquement donné (et donc logiquement fixe), constituer pour eux le «droit».

Le «droit» ainsi compris ne possède (ou ne se réfère) aucun *a priori* (ou préalable dit inadéquatement «droit») et aucun *a posteriori* non plus! Logiquement, l'*a priori* est le conflit entre différents individus (ou intérêts identifiables) qui sera procéduralement acheminé vers le résultat de droit alors que l'*a posteriori* est logiquement l'exploitation, les effets et l'autorité référentielle d'un jugement historique qui, à un moment donné, fait «droit» pour les personnes ayant été parties à ce procès (autrement dit: la jurisprudence). Le droit, soulignons-le, ne concerne *stricto sensu* que les individus (ou intervenants) qui ont fait partie d'un procès et qui sont nommés dans et par le résultat de ce procès juste et équitable, et en conséquence personne d'autre (en tant que «droit»). Cela signifie également que le droit se comprend et se pense rationnellement au niveau des acteurs qui s'engagent en faveur d'une solution de droit; d'où l'affirmation que le sens du droit se rapporte à des acteurs qui acceptent de vivre par le droit.

Un partisan du «déjà-droit» n'adopte pas une telle rationalité et surtout pas selon les paramètres que nous venons de décrire. Il pense seul, cogite, isolé de la pratique, le droit comme une «présence» qui existe avant et après, et ne tient pas compte des acteurs, des avocats, des procès, des controverses, des conséquences d'un jugement, des effets sur les tiers, et d'autres questions qui lui semblent bien compliquées puisqu'elles concernent la procédure à laquelle il s'est coupé, souvent volontairement, puisqu'elle lui est vulgaire. Il pense plutôt, ludiquement, le droit dans une analogie avec un joueur de balle jouant devant le public ou encore en s'imaginant là assis comme observateur et qui, à partir des estrades, observe, décrit et analyse ce jeu. Il imagine que le droit est un «jeu» et pour faire accepter son modèle il fait référence aux échecs, au baseball, au soccer (football) ou tout autre jeu, certains se lancent même en cuisine ou au théâtre. D'autres prennent l'exemple d'un jeu de carte ou de pions. Cette image lui permet d'affirmer qu'il faut des «règles», des «normes», de la «normativité», pour jouer ce jeu là et donc qu'en observant, décrivant et analysant ce jeu il découvre que des «règles», des «normes», la «normativité» lui préexistent. Le partisan du «déjà-droit» n'a ensuite qu'à affirmer, avec aplomb, que le droit est aussi un jeu pour ainsi faire surgir le suffixe «droit» (ou juridique) de son sac conceptuel et le coller à coté des dites «règles», «normes», «normativité»! Le tour est joué et les personnes qui croyaient que c'était difficile de faire de la recherche juridique en connaissent maintenant tout le secret! Tout *aficionado* de jeu peut le faire facilement! Il ne s'agit que d'observer, de décrire et d'analyser un jeu et d'ajouter des concepts savants qui justifient ce jeu pour ainsi récolter le «déjà-droit».

Se met alors en avant un jeu imaginaire qui invite à observer et à croire, et où chacun (surtout le chercheur) est invité à imaginer que devant ses yeux se révèle le droit semblable à un jeu de balle: dès que le «ballon» est sur le terrain, le jeu commence et dès ce moment il y a – si vous y croyez fermement - des «règles de droit», des «normes juridiques», de la «normativité du droit» qui entrent «en jeu». Le jeu devient alors le préalable ontologique qui doit donner vie à ce jeu-là, à savoir, répétons-le, les «règles de droit», les «normes juridiques», la «normativité du droit», ou d'autres expressions semblables. Il s'agit d'une ontologie du droit qui séduit psychologiquement en laissant croire, ou imaginer, que le chercheur peut réellement observer, décrire et analyser le «droit» pour ce qu'il «est». Une ontologie où le paradigme du «jeu» se moque des mots réels et parlés pour mieux, psychologiquement, induire «scientifiquement» que certains mots étaient toujours là et que ces mots se voient, se révèlent et s'admirent, pour les érudits, en tant que «déjà-droit»! Il ne suffit que d'y croire! Et si c'était vrai (dans l'imaginaire), tout partisan du «déjà-droit» sera qualifié (supposément!) pour attester (et laisser croire) qu'il écrit le droit, qu'il est le seul à connaître le jeu, qu'il observe le jeu et qu'il joue lui aussi à sa façon. Pire encore, qu'il peut modifier le jeu en raison de ses connaissances.

Un partisan du «déjà-droit» pourrait aisément s'imaginer dans le rôle convoité d'un joueur des Harlem Globetrotters ou simplement dans le rôle d'un artiste du ballon qui, tel un *maestro*, sait faire tourner, artistiquement et esthétiquement, la balle en une virevolte, un pivot ou une pirouette; seuls ceux qui possèdent la «science» peuvent ainsi admirer son art. Si la «présence du droit» est là, ou encore si le «déjà-droit» peut être saisi par nos sens, c'est la connaissance du jeu qui compte pour parler ou encore pour jouer. Celui qui maitrise le vocabulaire du jeu, les «règles de droit», les «normes juridiques», la «normativité du droit», n'a qu'à déclarer que c'est sa «connaissance» qui prouve, qui justifie et qui explique l'existence de ce déjà-droit! Il (ou elle) mobilisera une telle «connaissance» pour revendiquer, pour présumer, que le «déjà-droit» se révèle (ou se dévoile) devant nos yeux et qu'il faut donc l'observer – en tout cas pour celui qui croit fermement et contre raison – le «déjà-droit» comme étant là, comme étant observable autant sur la scène qu'à partir du balcon. D'où d'ailleurs un soupir de découragement et un «tant pis» empathique pour le pauvre bougre qui n'arrive pas à voir le droit et qui le cherche désespérément!

Retenons que c'est la «connaissance» qui, en fin de compte, est sommée de garantir que le «droit est là» ontologiquement! Pour affirmer que celui qui maitrise adéquatement (supposons-le) la «connaissance» peut, avec confiance, garantir que les mots qu'il prononcera c'est le «droit»! D'où la «connaissance» supposée dans le rôle irrationnel et illogique d'une ontologie qui se justifie comme étant capable de dire le «droit» en tant que «déjà-droit». Tel quel, c'est une forme moderne et contemporaine de l'ontologie du droit qui contraste et se distingue de l'antique ontologie juridique dans la mesure où il ne repose désormais que sur le postulat d'un «déjà-droit» pouvant faire objet d'une observation, d'une description et d'une analyse. Celui qui cherche en effet dans le *sociological jurisprudence*, le sociologisme de l'ingénierie «juridique», le behaviorisme juridique, le réalisme américaine ou scandinave, le positivisme ordinaire ou «scientifique», etc., ne rencontre que l'appel (métaphysique – *sic*!) à l'adhésion à une ontologie d'une présence, d'un déjà-là. Celui qui écrit, avec connaissance, sur une telle «présence», écrit (supposément) le «droit» en connaissance/observation/maîtrise d'un «déjà-là», d'un «déjà-droit». Tant pis si la démonstration est circulaire! Tant pis si cela n'a guère, au surplus, d'explications ou n'ajoute rien de différent ou de complémentaire à ce qui était investi au préalable!

Le problème est bien sûr que c'est absurde, irrationnel et illogique! Croire qu'une ontologie peut nous servir à affirmer la présence du «droit» et que cette présence pourra être réécrite en tant que «déjà-droit» n'est rien d'autre que des *galimatias*. Affirmons plutôt et fermement le contraire, à savoir que nous ne pouvons jamais écrire le droit sur des prémisses ontologiques, qu'il est irrationnel de le croire et que toute personne saine d'esprit doit renoncer à découvrir Le Droit! Il suffit de contempler et comprendre le dialogue, dans Lewis Carroll «L'autre côté du miroir et ce qu'Alice y trouve», entre Alice et le Roi:

«- Et bien, qui voyez-vous?

- «Personne», répondit Alice.

- Je donnerais cher pour avoir des yeux comme les vôtres, fît observer, d'un ton irrité, le monarque. Être capable de voir Personne, l'Irréel en personne! Et à une telle distance, par-dessus le marché! Vrai, tout ce dont je suis capable, pour ma part, c'est de voir, parfois, quelqu'un de bien réel!»

Voilà le problème! Nous n'arrivons jamais qu'à voir que ce qui est «bien réel»! Et jusqu'à ce jour nous n'avons jamais réussi à voir le droit! La raison en est fort simple: le droit n'existe pas sous le mode observable!

2eme ARGUMENT: Un juriste travaille avec des textes-outils.

Notre deuxième argument consiste à affirmer qu'un juriste travaille avec des textes et que ces derniers ne sont que des outils de travail. Celui qui s'apprête à effectuer un travail juridique a besoin de savoir avec quoi effectuer le travail exigé de lui. Si le problème reconnu conventionnellement en tant que juridique ne vient jamais du juriste, mais de la vie en société et surtout de ses clients, le juriste appelé à se prononcer sur un tel problème a simplement besoin des textes pour travailler puisque sans ces outils il ne pourrait simplement rien faire. Il faut en somme des «textes» - que nous laissons pour le moment non-qualifiés – pour travailler sur un problème identifié conventionnellement en tant que juridique par des acteurs non-juristes. Qu'est-ce que cela signifie?

Cela signifie que de la même façon qu'un charpentier travaille avec un marteau, une scie, une drille, etc.; qu'un maçon travaille avec la truelle, la taloche, la pelle, etc.; qu'un économiste travaille avec des chiffres, des statistiques, des donnés démographiques ou géographiques, le juriste travaille avec des textes. Ce sont ses outils de travail et il ne peut rien faire sans eux! De la même façon que le marteau, la truelle, les chiffres et les statistiques n'ont, strictement parlant, aucune valeur «en soi», sinon que de servir pour le travail à faire. C'est par leur utilisation que le charpentier, le maçon, l'économiste arrivent à «faire parler» leurs outils. Ces derniers ne parlent pas à leurs places; leurs outils parlent par ce qui se réalise par leurs maniements, par leur interprétation, en d'autres mots dans la pratique. Les outils se justifient et s'expliquent par ce que les acteurs en font. La présence des outils de travail entre les mains du travailleur ou sur un chantier ne signifie guère qu'un quelconque travail a été réalisé. Sans outils, sans textes, le juriste ne sert strictement parlant à rien ou à peu de chose!

De la même façon que le charpentier ne fabrique plus son marteau, sa scie, sa drille, etc. mais les achète auprès de son fournisseur; que le maçon achète autant sa truelle, sa taloche, sa pelle; ou encore que l'économiste se fait livrer des donnés statistiques élaborées par des statisticiens, le juriste se fait aussi livrer ses «outils». Il se fait livrer les outils par des personnes (ou des «institutions») qui font, qui fabriquent, des textes avec la perspective que ces derniers pourront être utiles en tant qu'«outils» pour l'entreprise juridique moderne. Certes un juriste peut-il, en tant que spécialiste en droit et dans le perspectif de prévoyance pour ses clients, lui-même participer individuellement et partiellement dans la fabrication de certain de ses «outils» (i.e. contrat, convention, etc.), mais cela ne lui donnera pas, même s'il serait tenté, la capacité d'ajouter le suffixe «droit» ou «juridique» sur les textes.

Le choix et la création des «outils-textes» en vue de servir l'entreprise juridique relève d'une situation conventionnelle propre à une société ayant fait le choix en faveur de la modernité juridique. Ce qui est également vrai quant à l'interrogation sur le rôle ou sur le «poids» présumés des outils agréés. Tout cela se réalise à distance et indépendamment des juristes, d'où s'ajoute aussi la constatation que l'avènement de la démocratie (en tant que mode de vie et de politique) tend à éloigner davantage les juristes du choix et de la création des «outils-textes». Quant à la question relative à l'agrégation des textes-outils, cette dernière a historiquement récolté beaucoup de controverses pendant des siècles, pour finalement se résumer dans une modèle de l'autorité-textuelle se rapportant à la législation, la jurisprudence, la doctrine et la coutume (incluant les contrats, les transactions, les quittance etc. et les accords faisant la «loi» des parties). Or, cette controverse n'est pourtant nullement réglée une fois pour toute et engendre inlassablement d'innombrables interventions doctrinales (autant que politiques et idéologiques) en vue d'ajouter d'autres autorités textuelles; ce qui est d'ailleurs plus ou moins admis et reconnu dans différents domaines spécifiques du «droit» et surtout dans le domaine dit du «droit» international où s'ajoute des «traités», des «conventions», etc., en tant qu'outils-textes d'autorité.

Or, c'est une hérésie d'attribuer un sens, une valeur ou une extériorité (psychologique ou idéologique) au texte, ou à l'autorité textuelle puisqu'il faut reconnaître qu'il n'y a rien «hors texte», rien sous le texte, rien au-dessus du texte et rien à coté. Tout discours ou proposition qui cherche à introduire une réalité psychologique, réaliste, empirique, sociologique, behavioriste, normativiste, etc., ment et triche, et surtout cherche en contrebande à faire établir, à camper, ou à justifier une position idéologique ou théorique dans et à l'intérieur du texte au détriment de toute considération épistémologique saine. En conséquence, il convient de récuser toute prétention ontologique d'une «règle de droit», de «normes» (ou de normativité), de normes juridiques, d'obligation juridique, etc., sur le mode du «déjà-droit» concernant les outils, tant que cela relève, strictement parlant, d'attributions métaphysiques. Il s'agit d'une stratégie «objectivante» (et de «déjà-droit») à attribuer alors qu'en fait il ne s'agit que d'un texte. Le «texte» n'est rien que d'autre qu'un «texte», que des mots imprimés, parfois publiés notamment dans des gazettes officielles ou encore dans une base électronique de données.

Il est également irrationnel d'attribuer au texte une «immanence» ou une «présence» en droit ou juridiquement. Croire que la pensée ou l'interprétation sert à dévoiler quoique ce soit au niveau du droit ou du juridique relève de la magie, voire de la sorcellerie. Les textes utilisés par les juristes pour faire leurs travails ne doivent jamais être considérés comme un cadeau de Noël qui, après avoir être déballés, nous dévoile les merveilles du «déjà-droit». Le texte ne doit jamais être compris (ou opérationnalisé) comme se référant à une autre instance (ou une instance intermédiaire) supposée lui donne un sens ou son caractère de «déjà-droit». Comprendre un texte en tant qu'une ontologie de «besoin», d'«intérêt», de «devoir», d'«ingénierie» ne revient, strictement parlant, qu'à un rapt ontologisant et n'explique rien quant au droit (et beaucoup quant à la stratégie de pouvoir mise en œuvre par celui qui le manipule).

Il faut simplement comprendre que les «outils» qu'utilisent un juriste n'ont aucun statut autre qu'être un moment chronologiquement donné. Ils ont tous le statut de «l'antiquité», ils sont tous «datés» (parfois avec une heure précise), ils sont tous historiquement donnés. Un jugement publié par une cour suprême acquiert son statut historique (et de l'antiquité) dans la seconde qui suit sa publication et ne peut en conséquence qu'être accueilli que comme une possibilité de jurisprudence à être versée, figurativement, dans le bassin accumulé historiquement en tant qu'une pièce de plus qui s'ajoute à la «jurisprudence» en général. Tous les outils des juristes sont «datés» et rien de «vivant» (ou autre métaphores biologiques, existentielles ou historicistes) n'excède, ne dépasse, le simple constat chronologique. Tous les outils-textes n'ont simplement pas d'histoire et pas de futur – surtout pas d'avenir – mais seulement une date qui atteste que le texte est «daté». Croire autrement, c'est croire aux fées et surtout se mettre dans une glissoire idéologique menant lamentablement à l'idéologie d'un «déjà-droit».

Il s'ensuit que les outils qu'utilisent les juristes ne nous transmettent rien concernant le «droit» ou le «juridique», car c'est à nous qu'il revient de faire les deux. Il ne faut pas croire que les «outils-textes» nous permettent de passer de l'autre côté du miroir, de passer du côté du «déjà-droit. Paraphrasant Lewis Carroll, dans «Ce qu'Alice trouva de l'autre côté du miroir»:

«……… il y a la pièce que tu peux voir dans le Miroir… Elle est exactement pareille à notre salon, mais les choses sont en sens inverse. Je veux la voir tout entière quand je grimpe sur

une chaise… tout entière, sauf la partie qui est juste derrière la cheminée. Oh! je meurs d'envie de la voir! (……) les livres ressemblent pas mal à nos livres, mais les mots sont à l'envers, je le sais bien parce que j'ai tenu une fois un de nos livres devant le miroir, et, quand on fait ça, ils tiennent aussi un livre dans l'autre pièce.

(……) ce serait merveilleux si on pouvait entrer dans la Maison du Miroir! Faisons semblant de pouvoir y entrer, d'une façon ou d'une autre. Faisons semblant que le verre soit devenu aussi mou que de la gaze pour que nous puissions passer à travers. (…..) Ça va être assez facile de passer à travers…»

Pourtant, il ne faut jamais faire «semblant», ni passer à coté de la raison et, évidemment, ne jamais croire aux mots «à l'envers». Il faut écarter l'image et le miroitement suggérant insidieusement que les outils-textes nous donnent accès à un quelconque «déjà-droit», ou croire que l'outil pour faire le «droit» est autre chose qu'un outil ou encore le droit déjà révélé en tant que tel. Il faut écarter l'ontologie spontanée qui frauduleusement se révèle en nous suggérant que le «déjà-droit» existe et que nous devons, contre raison, accepter l'inacceptable!

3eme ARGUMENT: Maîtriser ses textes-outils.

Notre troisième argument est un rappel de ce que tout juriste sait par cœur, à savoir qu'il faut prendre connaissance des outils afin de les maîtriser et surtout pour évaluer ce qu'il est possible rationnellement et juridiquement de réaliser avec eux. De la même façon qu'un charpentier, un maçon ou un économiste a tout intérêt à comprendre et à maîtriser ses outils (rappelons que ce sont les outils qui déterminent ce qu'ils peuvent réaliser au niveau du travail), le juriste devra autant se situer en «maître» à l'égard de ses outils, de ses outils-textes.

Si, en effet, les textes sont des outils pour les juristes, il convient d'admettre qu'ils sont là pour être lus et maîtrisés. C'est un devoir professionnel pour un juriste de «maîtriser et connaître ses outils» et de savoir «quoi faire avec». Il s'agit d'une démarche individuelle responsable «de faire connaissance» avec ses outils et cela même si cet exercice ne donne en soi, répétons-le, rien de spécifique au niveau du «droit» ou du «juridique». La compétence d'un juriste à l'égard de ses outils-textes ne garantit rien en ce qui concerne une question de droit.

Or, voilà qu'arrive, illogiquement, la question de la «méthode» qui, dans une perspective du «déjà-droit», suppose insidieusement de réaliser l'impossible, donner le «déjà-droit» et dessiner le cercle du quadruple à la même occasion, par la méthode, par l'herméneutique, par l'interprétation ou par la «construction» (i.e. «constructionnisme» (*sic*!) sociale, le socioconstructivisme ou constructivisme social et juridique)! Et cela se fait comment? En postulant que la méthode sert à interroger, à investir ou à élucider un «objet» et que ce dernier englobe d'une façon ou d'une autre le «déjà-droit». Ainsi cet «objet» doit, pour celui qui a la foi, avoir une relation avec un «déjà-droit»; en conséquence, il faut alors chercher l'objet pour voir se révéler le «déjà-droit»! Autrement dit, si vous croyez que le droit est présent en tant que substantive (langagier), vous n'avez qu'à chercher le substantif là où il existe supposément, à savoir dans le «droit», dans le système juridique, dans la réalité (*sic*!) du droit et dans des expressions similaires, pour le trouver sous le mode du «déjà-droit».

C'est en fait un abus irréfléchi du modèle de la science moderne qui se met au service idéologique. Celle-ci est en effet constituée sur le modèle d'un «sujet de connaissance» se rapportant à un «objet à connaître» - philosophiquement décrit en tant qu'un «sujet-objet-relation». C'est le modèle de base des sciences dites dures (autrement dit: les sciences naturelles) où le chercheur se constitue méthodologiquement en tant que «sujet» par la méthode utilisée et en mettant une parenthèse à sa propre personne et individualité. Dans ce modèle, c'est subséquemment la méthode, le sujet, qui fait découvrir la réalité physique (ou biologique, génétique, etc.) et c'est uniquement la méthode qui fait découvrir l'objet ou, plus prosaïquement, le fait parler. En ce sens, le chercheur n'est présent que par le biais de la méthode et jamais en tant qu'individu, de la même façon que la méthode fait parler l'objet en toute scientificité nonobstant ce que pense et accomplit le chercheur en tant qu'individu. L'autorité des sciences naturelles repose ainsi sur l'utilisation scrupuleuse d'une telle méthode de recherche et sur la répétition du même résultat qui en découle.

Il devient ainsi facile de comprendre la raison pour laquelle un tel modèle possède tout pour séduire un juriste, un chercheur juriste! Il (ou elle) n'a qu'à devenir sa «propre méthode» ou encore le maître souverain d'une méthode qui postule l'existence d'un objet, d'un «déjà-droit», d'une utopie. Qui, dans le monde juridique, n'aurait pas envie de partager, ne serait-il que par imposture, le prestige des sciences naturelles (et physiques) et se dire scientifique en se rapportant à leur modèle méthodologique de base, surtout si cela n'exige pas plus que d'affirmer la présence d'un «déjà-droit» qu'on s'engage à trouver par la suite? Pourquoi, effectivement, se décourager en reconnaissant qu'il n'existe, dans le domaine du droit, aucune possibilité rationnelle d'identifier et de vérifier scientifiquement un «objet à connaître» quand tout ce qui est exigé est de sauter idéologiquement tous les obstacles scientifiques réels et de croire (et de faire croire) qu'il existe une méthode capable de se «résorber» à l'intérieur d'un prélable ontologique, à l'intérieur d'un objet (de tout évidence non-existant) dit «droit»?

Il s'agit uniquement de se convaincre soi-même que c'est possible, qu'une «méthode» sera capable de nous assurer, ou de nous rassurer, d'avoir accès à un quelconque «déjà-droit», prêt pour notre «connaissance», pour notre «observation», pour notre «reconnaissance», et croire que les mots suivent fidèlement et sans résistance l'objet de notre croyance. Voilà l'idée qui s'introduit effectivement dans la pensée juridique à partir du 19ème siècle et qui se résume dans le postulat que l'objet «droit» existe et que l'objet observé, décrit et analysé EST «le droit».

Trois voies s'ouvrèrent alors pour le partisan du «déjà-droit».

D'abord, il peut prétendre que la méthode crée ce qui se cherche. L'objet recherché est, de ce fait, dépendant de la méthode et à sa portée puisqu'il est acquis qu'il existe déjà. Celui qui cherche dans une telle perspective méthodologique le «déjà-droit» le trouvera assurément puisque c'est l'objet qui justifie et qui explique la démarche et surtout affirme le résultat comme précisément le «déjà-droit» recherché. La méthode vous autorise en effet d'affirmer, erronément, que vous l'avez trouvé en écrivant les résultats d'une recherche par les mots d'un «déjà-droit», de la même façon que, précisons-le, le recours à ladite méthode justifie et rend acceptable vos prétentions à l'égard d'un «objet de recherche». En conséquence, la méthode se révèle être une «conception de la réalité», une *weltanschauung* comme le disait autrefois les marxistes, ou encore le paradigme mettant «nom» ou «mots» sur la recherche. C'est surtout l'aspect historiciste ou de généalogie (rappelant Michel Foucault, les postmodernes, etc.) qui séduit car investi en tant que «méthode» tout est expliqué par le réservoir intellectuel qu'accompagne la méthode. Et si la méthode est en soi un produit intellectuel, l'aura, la gloire, la renommée, qu'émanent des grands noms s'attachent automatiquement à ce produit culturel pour vous rendre littéralement imbattable. Au surplus, vous n'avez plus l'insécurité qu'accompagne inéluctablement le fait de parler en votre nom propre puisque ce n'est pas vous qui avez fait la recherche mais la méthode!

Le partisan du «déjà-droit» peut également prétendre avec véhémence que la méthode génère sa propre ontologie. À savoir que lorsque la méthode parle (par l'intermédiaire d'une interprétation) et alors c'est la «réalité» (*sic*!) du droit qui se révèle. La méthode est supposée le garantir par le fait de son vocabulaire de «cause», «effet», «influence», «pratique», «changement», «vivant», «naissant», «progrès», «historique», «linéarité», «communauté», «société», «global», «mondial», «international», et ainsi de suite. Les méthodes historiques, sociologiques, anthropologiques, etc., ont eu une si grand influence en droit parce qu'elles permettaient d'expliquer le droit comme déjà-là, comme «déjà-droit». Le partisan du «déjà-droit» n'a qu'à lire tranquillement quelques livres pour ainsi affirmer qu'il a fait de la recherche! En conséquence, il pourra lire, par exemple, dix livres de sociologie et prétendre avoir trouvé le «déjà-droit» par le fait d'être lui-même un juriste de formation. Il pourra également lire des livres en histoire, en anthropologie, en économie, etc., et prétendre de même. À la limite, l'idéologie du «déjà-droit» se confirme par le fait de lire un livre, de la même façon que quelqu'un prétend avoir fait de la recherche par le fait d'avoir beaucoup lu!

Enfin, le partisan du «déjà-droit» pourra aussi affirmer que l'objet du droit, sont les textes à interpréter. Rappelons dans ce sens que le dieu païen Hermès – d'où l'étymologie de herméneutique juridique – était symbolisé (si on se fît à la mythologie grecque) comme étant l'intermédiaire entre les dieux de l'Olympe et les hommes, de là l'image d'une méthode (de l'interprétation) qui, entre le texte et l'interprète donne «la signification», ou également la révélation d'un «déjà-droit» obtenu par cette méthode (philosophique). Le partisan du déjà-droit n'a donc qu'à prétendre que le «déjà-droit» existe objectivement à l'égard de la méthode pour ensuite, avec la même méthode, interpréter les textes (ou la «réalité» qui est supposée marcher de pair - *sic*!) pour voir la confirmation du «déjà-droit» initial. Exposer la méthode comme préalable sert ainsi à s'effacer en tant qu'interprète réel pour se cacher derrière une méthode qui n'a d'yeux que pour un «objet» supposé là, supposé là en tant que «déjà-droit». Trouver un «déjà-droit» au bout d'une interprétation méthodique, c'est gagné le ticket pour le paradis, le *maran atha* de la jubilation, le moment où le chercheur se voit en grand. Tant pis si cela n'a guère de contenu, que cela n'a aucune valeur et surtout aucune valeur scientifique et épistémologique.

Il s'agit en somme que d'un piège logique (et méthodologique)! Un piège de raison que Lewis Carroll, «De l'autre côté du miroir et ce qu'Alice y trouva», nous narre ainsi:

«- Lorsque moi j'emploie un mot, répliqua Humpty-Dumpty d'un ton de voix quelque peu dédaigneux, il signifie exactement ce qu'il me plait qu'il signifie… ni plus, ni moins.

- La question, dit Alice, est de savoir si vous avez le pouvoir de faire que les mots signifient autre chose que ce qu'ils veulent dire.

- La question, riposta Humpty-Dumpty, est de savoir qui sera le maître… Un point c'est tout.»

Quant à nous, la perspective d'un maître de la méthode et des mots du «déjà-droit» n'a rien à faire avec la recherche! Les textes-outils dont se servent les juristes ne leurs donneraient aucune autorité quant à un «déjà-droit» éléatique. Il faut, *a contrario*, se satisfaire de la logique suivant laquelle que les mots ne signifient rien d'autre que ce qu'ils veulent dire et que les juristes, en conséquence, n'ont qu'à continuer à donner des «conseils juridiques», à enseigner la doctrine du droit sans, de préférence, jamais prononcer le mot «droit»! En d'autres termes, le plus important d'une méthode est de comprendre ce que nous ne pouvons jamais «découvrir, voir et analyser»!

4eme ARGUMENT: La question de droit se rapport à une pratique.

Notre quatrième argument défend l'idée que le droit se fait et se réalise en pratique, par un procès juste et équitable devant un tiers-invité, à savoir un juge (i.e. jury, magistrat, juge étatique ou juge professionnel), et nulle part ailleurs. Les juristes travaillent «pratiquement» avec leurs outils-textes, de la même façon que le charpentier, le maçon, l'économiste. Lorsqu'une personne retient les services d'un juriste pour faire un travail, c'est parce qu'il a besoin d'un professionnel compétent pour se présenter à aller à la cour ou encore pour éviter que cela se produise. *A contrario*, un partisan du «déjà-droit» sera enclin d'investir son concept au niveau de la théorie pour faire de la contrebande intellectuelle, à savoir retrouver ou découvrir le «déjà-droit» au niveau théorique. S'il réussit avec un tel coup conceptuel, le «droit» sera là, sanctifié, dans un «déjà-droit» théorique prêt à être imposé à autrui en vue d'une adhérence et d'un engagement idéologique, ou encore pour établir un club théorique (ou philosophique, sociologique, historique, etc.) du «déjà-droit».

Tournons-nous vers Emmanuel Kant pour expliquer notre argument et cela surtout parce qu'il symbolise paradigmatiquement (et heuristiquement) deux avenues possibles quant au rôle d'une théorie à l'égard du droit. Adressons-nous à l'affirmation que donne E. Kant dans son livre phare «Critique de la raison pure» (1787) et où il écrit ce qui suit: «Les jurisconsultes cherchent encore une définition pour leur concept du droit» (1787). C'est dans l'ambigüité de cette proposition que se cache le vice. D'abord est-ce qu'une telle proposition est vraie?

Non, pas du tout! Pourquoi les juristes doivent-ils chercher une définition pour un concept, un substantif dit «*le* droit»? À quoi bon chercher un tel concept et encore quelle sera la relation logique et rationnelle entre le concept et la pratique du «droit»? N'ont-ils pas autre chose de plus utile à faire que de créer ou chercher des concepts ou encore des définitions? Seront-ils plus heureux après avoir trouvé un concept avec un substantif dit «*le* droit»? Le problème c'est que Kant se trompe, se trompe lamentablement, d'autant plus que les juristes n'ont guère plus besoin d'une «définition pour leur concept», qu'un médecin aujourd'hui n'a pas besoin d'une «définition» ou un «concept» pour comprendre son rôle de médecin envers ses patients, ou simplement à l'égard d'une maladie. Si donc Kant se trompe au niveau du «concept», qu'en est-il de l'interrogation quant aux deux rôles envisageables d'une théorie à l'égard du droit?

Primo, dans une interprétation stricte de Kant, il arrivera lui-même à la même conclusion que celle décrit ci-dessus, à savoir l'inutilité du concept. En fait, Kant nous enseigne dans la «Critique de la raison pure» (1787) - d'où était, comme nous l'avons dit, tirée la citation donnée - que le monde physique (relevant des sciences pures) ne nous parle pas et que nous avons besoin de préalables théoriques pour faire de la recherche (concernant le monde physique ou naturel). Là, il a entièrement raison puisque la recherche, dans le domaine de sciences dures (i.e. nomotique et axiomatique), ne donne que des résultats en tant que préliminaires et en attente d'un processus de vérification strict passant par une deuxième expérimentation (par un laboratoire indépendant) et par le respect du principe de réfutabilité. Autrement dit, la nécessité d'une assise théorique pour faire de la recherche se retourne contre la théorie dans le sens que cette dernière est toujours, strictement parlant, «fausse» (i.e. non-scientifique ou relevant d'une conviction personnelle non-vérifiable) si une deuxième réfutation n'arrive pas à valider les résultats scientifiques obtenus dans la première réfutation (i.e. le scientifique se rapporte au résultat vérifié, «réfuté», de la recherche – et jamais à la théorie). En ce sens Kant participe à la «révolution copernicienne» par l'importance à accorder rationnellement à une assise théorique et par l'attestation que seuls les résultats de recherche vérifiés dans le deuxième processus de réfutabilité peuvent se dire «scientifiques».

Rapporté au droit cela signifie, quant à la question de la «théorie» juridique, que toute théorie du droit sera fausse et le restera jusqu'à la fin du monde! Pourquoi? Simplement parce qu'aucune réfutabilité n'est rationnellement possible ou réalisable -- ni une première réfutabilité, ni une deuxième réfutabilité – autre que dans l'imaginaire, et qu'aucun moment magique ou «théorique» (*sic*!) changera cela. Si Kant a raison, ce que nous estimons être le cas, cela signifie, modestement, qu'une théorie du droit devra renoncer à se prononcer sur la réalité supposée d'un (ou de) «droit» et encore moins sur la pratique (i.e. dans le degré que la théorie réclame soumettre la pratique à la scientificité gérée par la même théorie), parce que, répétons-le, la réfutabilité située au niveau du «résultat de la recherche» exclut la «théorie» dans tout rôle imaginaire et n'est donc capable que de lui assurer un rôle toujours contraire au «droit» proprement dit. En clair, une théorie ne peut pas se prononcer sur ce qui est supposé se produire dans la société ou dans le domaine juridique, car cela suppose d'affirmer indument que la théorie nous permet, magiquement, d'entrer dans une monologue ontologique avec la société (et le droit) et écouter (ou observer) comment celle-ci nous souffle à l'oreille les noms (et les mots) qui induisent sa réalité. Un rappel strict à Kant, dans le monde théorique et scientifique, sert en somme, *stricto sensu*, à nous vacciner contre l'imaginaire théorique et le langage du «déjà-droit».

Secundo, par une lecture différente il est, hélas, possible d'arriver à un résultat tout à faire contraire! En fait, pourquoi choisir la sobriété quand l'ivresse est si attirante? Le problème se rapporte directement à la phrase précitée de Kant, car si les juristes cherchent (ce qui est de toute évidence rationnellement faux!) «une définition pour leur concept du droit», pourquoi ne pas leur en donner une? Ce serait très facile! Imaginons la sensation de devenir l'empereur dans un empire du droit! Imaginons la tentation! Et le pouvoir! Kant n'a-t-il pas cédé lui-même en produisant une «Métaphysique des mœurs. Doctrine du droit» (1795) qui n'est rien d'autre qu'un *a priori* se résumant dans un «déjà-droit» de moralité objectivée? Si Kant a lui-même cédé à la tentation, pourquoi ne pas faire intervenir une définition du «déjà-droit» au niveau de la théorie et comme réponse à sa question?

Il est effectivement facile de fabriquer une définition du «droit»! La suite se vérifie incontestablement au niveau du «déjà-droit» et face à une avalanche de définitions du «droit» se justifiant en tant que théorie! Car s'il ne s'agit que d'autre chose que d'imaginer une «définition» ou un «concept» pour récolter en théorie le «droit» (ou le «déjà-droit»), tout un chacun peut se sentir investir de la mission. Si nous connaissons aujourd'hui, *grosso modo*, autour des 2.200 définitions cela n'atteste que de l'ardeur théorique investie dans la tâche! Une idolâtrie rattachée à la «théorie» et un aveuglement du «déjà-droit»!

Chacun peut à loisir faire l'énumération des théories modernes du «droit» et se réclamer d'une «définition du concept» en tant que «déjà-droit»! Plus important dans notre perspective, c'est insister sur le fait que la théorie devient ainsi la justification et la légitimation d'un «droit» qui se rapporte à la «définition» et au «concept». Cela se réalise dans un cercle qui commence avec la définition du «droit» pour aller à une théorie du «droit», ou encore à une théorie du droit qui débouche sur une définition du «droit», comme cela se constate d'ailleurs (et sans aucune exhaustivité) dans le systémisme ou encore chez Teubner, Luhmann, etc., dans le réalisme scandinave ou chez Alf Ross, Axel Hägerström, etc., ou dans la théorie de «cohérence juridique», ou chez A. Peczenik, etc.

Le danger qu'affronte une théorie du «déjà-droit» (ce que cette théorie partage en principe avec une méthodologie objectivante) c'est qu'elle ne dira jamais autre chose que ce qui est permis par la théorie. En lisant sa théorie, en le mettant en «œuvre» et en l'utilisant en tant qu'optique (rappelant Galilée), la théorie a pris le contrôle et ne pourra jamais faire autre chose que de proposer l'image du «déjà-droit» déjà présent dans la théorie, dans l'architecture même de sa constitution en tant que «théorie du droit». Tout est en fait réglé à l'avance et le chercheur n'a jamais à sortir de son bureau pour faire de la recherche (ou encore sentir le besoin de se renseigner!) car tout est déjà réglé, déjà prêt et déjà-en-boîte! Le «déjà-droit», investi théoriquement, se retrouve immuablement dans un processus artificiel de réécriture discursive qui, à l'infini (i.e. l'infini théorique), se confirme comme du pareil au même, pareil au concept du «déjà-droit», autrement dit, comme un cercle qui se boucle sur soi, ou en tant que théorie que ne dira jamais autre chose que ce que lui permet la «définition du concept». Au lieu de prétendre «voir», la théorie rend aveugle!

Si nous avons raison, même partiellement, toute théorie doit renoncer à se prononcer sur le droit, renoncé à tout «déjà-droit». Il faut rétablir une relation saine entre «théorie et pratique», où seule la «pratique» (ou l'agir) peut servir la question du droit dans la société moderne. La théorie dans le domaine du droit doit en conséquence se limiter à deux orientations:

D'abord, à affirmer la théorie juridique dans un rôle heuristique ou pédagogique; une théorie du droit consiste en un enseignement concernant le domaine juridique et rien d'autre.

Ensuite, au niveau épistémologique, où la théorie du droit sera critique à l'égard du domaine juridique, ou encore critique à l'égard de ses traditions, ses théories, ses enseignements, ses doctrines, son vocabulaire, etc.

Ainsi la théorie du droit se reconnaît incapable de se prononcer sur le «droit», que ce soit, indifféremment, au niveau du Sein (être) ou du Sollen (devoir-être). Une théorie, ou une philosophie du droit, ne peut qu'accompagner la pratique du droit telle qu'elle se réalise effectivement par des avocats et des magistrats dans une société qui a fait du droit l'horizon de sa modernité.

Illustrons maintenant l'argument en recourant encore une fois à Lewis Carroll, «Ce qu'Alice trouva de l'autre côté du miroir», pour expliquer notre point:

«En y réfléchissant plus tard, Alice ne put comprendre comment cela s'était fait: tout ce qu'elle se rappelle, c'est qu'elles étaient en train de courir, la main dans la main, et que la Reine courait si vite que la fillette avait beaucoup de mal à se maintenir à sa hauteur. La Reine n'arrêtait pas de crier: «Plus vite!», et Alice sentait bien qu'il lui était absolument impossible d'aller plus vite, quoiqu'elle n'eût pas assez de souffle pour le dire.

Ce qu'il y avait de plus curieux, c'est que les arbres et tous les objets qui les entouraient ne changeaient jamais de place: elles avaient beau aller vite, jamais elles ne passaient devant rien. «Je me demande si les choses se déplacent en même temps que nous?» pensait la pauvre Alice, tout intriguée. Et la Reine semblait deviner ses pensées, car elle criait: «Plus vite! Ne parle pas!» Alice ne songeait pas le moins du monde à parler. Elle était tellement essoufflée qu'il lui semblait qu'elle ne serait plus jamais capable de dire un mot et la Reine criait toujours: «Plus vite! Plus vite!» en la tirant de toutes ses forces. [……………]

– Ma foi, dans mon pays à moi, répondit Alice, encore un peu essoufflée, on arriverait généralement à un autre endroit si on courait

très vite pendant longtemps, comme nous venons de le faire.

– On va bien lentement dans ton pays! Ici, vois-tu, on est obligé de courir tant qu'on peut pour rester au même endroit. Si on veut aller ailleurs, il faut courir au moins deux fois plus vite que ça!»

Voilà ce qui est aussi vrai en ce qui concerne le «déjà-droit». Cela nous condamne à courir et ne jamais avancer, à faire du surplace indéfiniment. La théorie nous rend aveugles et nous condamne à perpétuellement répéter la même litanie de la théorie au bénéfice unique de cette même théorie. D'où la question naïve, à savoir pourquoi tellement de chercheurs (*sic*!) prétendent-ils (ou elles) faire des recherches (*sic*!) avec une «définition du droit»? Uniquement parce que c'est facile! Parce que cela donne du prestige (et une carrière universitaire)! Parce que l'adhésion à un club théorique (présumément intellectuel) du «déjà-droit» donne de la sécurité et la renommée! Or, les réponses n'ont rien de réconfortant!

CONCLUSION: Choisir entre «déjà-droit» ou «faire-droit».

Nous sommes conscients que chacun de nos arguments auraient pu être développés davantage et approfondies épistémologiquement. La malédiction (autant que le bénéfice) d'un exposé d'arguments est que cela impose la brièveté et la limite discursive propre à un manifeste, ou encore à l'art pamphlétaire. Retenons de ce fait que si chacun de nos arguments (et leurs ramifications pratiques et théoriques) a une histoire épistémologique (et philosophique) longue et compliquée, il serait pourtant déraisonnable d'attendre de ce petit article qu'il apporte plus. Il faut, avec un grain de lucidité et de modestie, parier que l'avenir nous ouvre d'autres occasions pour aller plus loin encore, épistémologiquement parlant.

Retenons enfin que toute référence ou construction ontologique, méthodologique ou théorie d'un quelconque «déjà-droit», d'un droit réglé «d'avance» en tant que déjà là, doit être proscrit. Cela ne créer que de la confusion et de l'idéologisation stérile face à la question du droit dans une société moderne. Admettons rationnellement, *a contrario*, que nous ne disposons pas, au préalable, d'un quelconque «déjà-droit» disponible pour la pensée et pour l'action. Nous ne disposons pas d'un «déjà-droit» pour «configurer» (i.e. formater) au préalable notre compréhension du droit. Nous ne possédons en aucune façon la prévoyance (ou la boule de cristal) pour observer, voir, étudier, saisir, etc., le droit dans la réalité, dans la société ou ailleurs. De telles propositions n'ont simplement aucun sens et surtout aucune valeur, sinon pour représenter des égarements intellectuels et juridiques, et surtout des positions idéologiques dépourvues de vraie responsabilité à l'égard du droit et de nos concitoyens!

C'est uniquement lorsque (et si) nous réussissons à nous libérer de toute pensée d'un «déjà-droit» que nous pourrons adéquatement reprendre la question du «faire-droit» en pratique et en théorie. Un «faire-droit» compris pratiquement et théoriquement en tant qu'horizon juridique d'une société moderne et en tant que questionnement qui doit se situer au niveau des «acteurs» et à l'égard de ce droit que nous voulons faire nôtre. Ainsi, le «faire-droit» nous engage intellectuellement et pratiquement dans une voie opposée au «déjà-droit» et nous engage donc aussi à lever l'obstacle qu'il exerce sur la pensée juridique moderne.

III

Une note sur la notion de «force obligatoire» et le droit.

Nous n'avons pas à chercher loin dans le domaine juridique afin de constater que la notion de «force obligatoire» est constamment invoquée, d'une façon franche et directe, mais davantage de manière implicite et parfois en référence dogmatique sous-entendue. La notion de «force obligatoire» ne suscite pourtant pas d'interrogations soutenues et encore moins de réflexions puisqu'elle est considérée comme étant acquise, comme «faisant partie du décor» de l'entreprise juridique moderne. Cette position découle, hélas, d'une incompréhension voire même d'une sorte d'analphabétisme juridique qui se rattache à cette notion et à ses «enjeux» au sein même du monde juridique avec, bien entendu, le danger d'un dérapage intellectuel de ce même droit moderne.

En conséquence, l'objectif de notre essai consiste à examiner cette notion, à réfléchir sur le sens que nous concédons à lui attribuer et au rôle que nous lui accordons au sein du droit. Il n'y a donc aucun secret ontologique, «positiviste», «juridique» ou gnoséologique à découvrir, mais bien au contraire, il s'agit d'une réflexion à entreprendre sur les raisons qui nous motivent, en pratique, à recourir à cette notion et subséquemment, à démontrer les motifs suivant lesquels la «force obligatoire», en tant que concept doctrinal, semble malgré tout apte à jeter une lumière sur le sens en construction, soit-il théorique et abstrait, entretenu par un tel usage linguistique.

L'approche adoptée consiste donc (1) à réfléchir sur le problème épistémologique que confronte la notion de «force obligatoire», pour ensuite (2) examiner le caractère transversal de cette notion qui se retrouve, tant en pratique qu'en théorie, dans une pluralité de domaines d'études du droit et enfin, (3) étudier comment cette notion mobilise toujours des «acteurs» (et une intersubjectivité) qui symbolisent, positivement ou négativement, la «force obligatoire» à évaluer à l'intérieur de la possibilité du droit.

1. Remarques préliminaires et épistémologiques sur la notion de «force obligatoire».

Nos remarques préliminaires et épistémologiques nous servent à proposer deux avenues de réflexions: d'abord récuser toute explication psychologique du concept de «force obligatoire» (et d'un concept «juridique» en général) et ensuite introduire une explication de ce concept comme n'étant guère autre qu'un coordinateur linguistique visant l'évaluation pratique à faire dans une éventualité de droit.

S'agissant du phénomène de la «psychologisation» des concepts dits juridiques, il s'agit en fait d'un problème récurrent et très répandu dans la pensée juridique d'aujourd'hui. Ce phénomène se résume, *grosso modo*, dans la caractérisation suivante, à savoir le penchant de:

1) situer un concept (dans le domaine de l'écriture de la doctrine «juridique») et sa compréhension à l'intérieur d'un «cadre psychologique» (i.e. obligation, volonté, efficacité, efficience, force, solidarité, comportement, etc.),

2) pour ensuite utiliser les éléments psychologiques permis par ce cadre pour en «trouver» (i.e. construire psychologiquement) un «sens psychologique», et

3) croire, avec une assurance plutôt métaphysique, que la résultante de l'opération est «juridique» ou «de droit».

Par un tel procédé tout concept reçoit automatiquement ce qui est au préalable accepté par (ou investi dans) le «cadre psychologique» en tant que confirmation de ce qu'est ou ce qui constitue le concept. Le concept acquiert sa dénomination (ou encore sa «réalité») «juridique» parce qu'une telle épithète appartient, pour celui qui le croit, au concept.

Il s'agit d'un procédé presque magique! Tout peut immédiatement être expliqué par celui qui mobilise un cadre psychologique pour des concepts, ou simplement qui se réfère directement aux catégories psychologiques pour expliquer une notion utilisée dans la doctrine juridique. En dessinant une image psychologique du concept, qu'il s'agisse d'un appel à «une mentalité» ou par son intégration dans une activité psychologique propre (par exemple la volonté, l'obligation, la solidarité, le comportement (ou «*behaviour*»), l'intention et ainsi de suite), c'est en effet un double processus d'auto-conviction personnelle (et doctrinale) qui se met en selle. D'un côté, le chercheur en droit scrute son univers psychologique pour retrouver des concepts psychologiques qui lui conviennent et qui lui parlent (i.e. psychologiquement); de l'autre côté, le chercheur participe à une idéologie psychologique concernant le droit dans laquelle il retrouve tous les concepts psychologiques comme étant partagés avec son «cercle doctrinal de référence» (ou simplement, à une «école» de pensée ou à une «communauté» spécifique de chercheurs quant à l'écriture doctrinale en «droit») et comme preuve (psychologique) de la rectitude d'une conception dite toujours opportunément de «droit».

Outre l'univers de reconnaissance psychologique où l'homme moderne se retrouve en force et «en dogmatique» à l'égard d'un «droit» qui correspond aux concepts psychologiques qu'il investit, s'affirme le fait que les idiomes psychologiques deviennent immédiatement un fondement de l'écriture doctrinale du «droit» (ou «en» droit). Un phénomène particulier s'opère ici puisque si l'acteur du «droit» (à condition qu'une telle locution possède vraiment de sens!) est supposé faire du «droit», le chercheur en «droit» possède, suivant une telle conception, tout le sens et la signification de ce qui a pu se dérouler sous le mode psychologique et selon les catégories psychologiques qu'il (ou elle) mobilise pour comprendre ledit «droit». Il est utile de préciser qu'il ne s'agit pas uniquement d'un anthropomorphisme juridique banal (et si fréquemment répandu dans la doctrine ou la dogmatique juridiques), mais d'une conception idéographique qui fait fusionner «ce qui a dû se passer» à l'intérieur des catégories psychologiques et que le chercheur manipule comme ce qu'il peut comprendre comme étant du ou de «droit». L'univers psychologique des concepts dits juridiques est, en ce sens, le «déjà-droit» qui se confirme dans l'univers mental du chercheur et que lui seul peut comprendre! Voilà pourquoi il (ou elle) écrit la doctrine dite de «droit» comme une émanation psychologique; c'est aussi de cette manière que le «droit» s'écrit!

Puisqu'une compréhension psychologique du droit nous semble irrationnelle et inadéquate, il convient de formuler notre récusation épistémologique en trois principes:

Les concepts ne véhiculent ou ne portent pas du «juridique» ou du «droit».

Toute attribution d'une quelconque qualité psychologique aux concepts dits juridiques est irrationnelle.

Toute compréhension du «droit» sur l'axe de l'avoir ou de l'être – par concepts interposés – est irrationnelle.

Ceci étant posé, il convient maintenant de nous pencher sur une compréhension d'un concept (en l'occurrence le concept de «force obligatoire») comme étant un coordinateur linguistique visant l'évaluation pratique à faire dans une éventualité de droit.

Une telle compréhension nous informe que même le «prononcé» s'affirme uniquement en tant que «palabre de ce qui a été dit» et aucunement en tant que «droit» d'une quelconque «réalité» et encore moins de la «réalité» d'un quelconque concept dit de «droit». Croire et prétendre que le mot, la qualification, le concept ou toute autre expression linguistique utilisée épouse, à un moment ou à un autre, la réalité relève du mysticisme ou d'une divagation de l'esprit. Notre capacité de narrer le monde réel en vue de créer pour nous-mêmes une familiarité sociale (sinon une transcendance d'En-bas) ne doit pas nous induire en erreur et nous laisser imaginer, contre toute raison, que ce niveau de narration possède une quelconque capacité d'interaction, dite de «droit», avec le réel. Il n'en est rien! Nos narrations du monde réel ne relèvent que des subjectivités et des interprétations qui s'affirment comme telles (ou qui sautent vers le collectif comme expérience linguistique partageable par tous) et surtout, qui retrouvent ces narrations dans la fluidité de la configuration (et des reconfigurations) des traditions. Le «dit», en ce sens, n'est pas la réalité objective de ce qui s'est passé, ni la réalité intersubjective de ce qui a été vécu, mais exclusivement la réalité intersubjective de ce qui a été effectivement «dit». Ceci confirme d'abord tout concept comme le palabre de ce qui a été dit et ensuite comme un coordinateur linguistique possible au niveau intersubjectif.

En contraste donc avec une compréhension psychologique des concepts comme étant «juridiques» (ou de droit), défendons qu'une notion ou un concept n'est autre chose qu'un acte de langage, à savoir un élément de communication en soi «vide» hors de sa capacité de coordonner des vues et des «agir» interindividuels. En conséquence, les concepts dits juridiques ne sont que linguistiquement conventionnels à l'intérieur d'un langage naturel et peuvent donc uniquement être compris en droit (ou dans d'autres domaines d'activités intersubjectifs) qu'en tant que des coordinateurs symboliques ou des appels au jugement!

Au lieu de développer davantage ces considérations –en rappelant si besoin était les restrictions que nous avons émises à nos propos–

formulons plutôt trois propositions épistémologiques qui nous guideront par la suite, à savoir que:

1. Les notions et les concepts, dits juridiques, se réfèrent uniquement au langage naturel et témoignent, dans la doctrine juridique, soit d'une tradition soit d'une rationalisation au niveau de la communication langagière.
2. Aucun attribut psychologique (ou encore sociologique, idéologique, politique, théologique, etc.) ne doit être accordé (ou reconnu) aux concepts mobilisés pour écrire de la doctrine dite juridique,
3. La présence scripturaire de notions, de concepts, etc. sert uniquement, dans le domaine juridique, d'invitation au jugement à faire en pratique quant à la possibilité du droit.

Sans développer davantage ces considérations épistémologiques il convient maintenant de les utiliser plus attentivement dans l'analyse de la notion de «force obligatoire».

2. La notion de «force obligatoire» en tant que coordinateur discursif.

Penchons-nous maintenant sur la notion de «force obligatoire» en tant que coordinateur discursif, en insistant que c'est spécifiquement l'aspect *atopique* d'un tel rôle discursif qui nous révèle la raison pour laquelle cette notion apparaît, surtout dans le domaine de la doctrine du droit, comme transversale. En effet, si nous avons raison quant à nos réflexions épistémologiques la notion, en tant que coordinateur discursif, se distingue d'abord comme étant une instance symbolique servant à l'évaluation d'une situation dite juridique et ensuite en tant qu'un appel à un jugement juridique à faire à l'égard d'une telle situation. Exemplifions cette assertion dans les domaines du droit civil et contractuel, du droit public et du droit international.

En premier lieu, il convient d'apprécier la notion de «force obligatoire» en droit civil/contractuel en prenant appui sur une définition lexicale, à savoir que l'aspect symbolique de cette notion se spécifie en tant que: «Principe selon lequel le contrat constitue la loi des parties et ne peut être révoqué que d'un commun accord ou pour des causes que la loi reconnaît».

Sans refaire la dogmatique du droit civil et contractuel, soulignons qu'ainsi la notion de «force obligatoire» met en place une logique d'évaluation symbolique à faire qui insiste avant tout sur l'aspect positif du principe, à savoir que les liens contractuels se constituent d'une façon synallagmatique – s'obliger soi-même n'étant pas un contrat - et que les parties qui s'engagent de la sorte le font, en règle générale, en toute conscience et par le biais d'un accord commun. L'engagement dit contractuel se fait en principe à deux, jamais unilatéralement, et de larges parties de la doctrine contractuelle se résument à élucider cette logique en apparence si simple, qui rapidement se révèle plus complexe et même intrigante en pratique. Rappelons uniquement le retour constant dans la doctrine juridique du problème de savoir à quels moments ou sous quelles conditions une «promesse» devient un engagement et si l'engagement (ou la promesse) peut véritablement faire l'objet d'une acceptation! Pensons également aux débats centenaires et forts intéressants sur la question de savoir si c'est l'intention, la volonté, la réciprocité ou l'accord (explicite ou implicite) – compris donc uniquement comme élément symbolique - qui, en recourant à des figurations hyperboliques «d'obligation» ou «d'engagement», symbolise et forme le contrat, et qui donc fournit la «force obligatoire» à celui-ci. Nonobstant le résultat théorique, qui relève plutôt des affinités supra-dogmatiques, le sens pratique de la «force obligatoire» ne se désigne finalement qu'en un lieu d'évaluation qui fait référence à la dualité et à la réciprocité de la situation contractuelle, et rien d'autre.

Or, insistons du même souffle qu'ainsi la notion de «force obligatoire» se prête également en tant que clé pratique (et doctrinale/symbolique) pour comprendre comment se libérer d'un contrat, la façon normale étant simplement d'honorer son engagement! Ceci signifie que l'honnêteté (et la morale) rejoint certes la notion de force obligatoire par l'extérieur – dans la présupposition que les acteurs contractuels possèdent réciproquement un réservoir de moralité en tant membre d'une société civile -, ce qui explique pourquoi le droit a toujours été hostile à des libérations extracontractuelles consécutives à tout ce qui peut se passer autour d'un contrat ou encore, de manière plus restreinte, autour d'un individu et de ses dispositions psychologiques. Or, si la capacité de libération extracontractuelle était initialement extrêmement restreinte – mentionnons ici le droit romain antique qui la refusait systématiquement – la «mise en psychologie», que connaît notre «droit» contractuel contemporain (sinon tout la tradition de droit civil), se constitue en contre-pôle. Cette «mise en psychologie» se concrétise par une relativisation des liens contractuels qui se répercute sur la «force obligatoire» d'un contrat (voire sur une obligation civile), d'où la constatation qu'une telle «mise en psychologie», en se conjuguant favorablement avec l'écriture de la doctrine dite juridique, forme aujourd'hui un bloc pratico-dogmatique qui incline vers une moralité de compassion, sinon d'une idéologie de «victime» qui s'accorde mal (ou pas du tout) avec une force obligatoire qui réside uniquement dans le contrat. Quant à une telle idéologie, c'est plutôt la figure d'un «intérêt commun» présupposé, encore que logiquement improbable, qui la remplace. Quoiqu'il en soit, le concept de «force obligatoire» assure pourtant toujours le principe qu'une partie peut avoir confiance que le contrat est en vigueur et que les parties doivent agir en conséquence.

Examinons deuxièmement le «droit public» où nous constatons que la notion de «force obligatoire» est également importante avec la particularité, en soi paradigmatique, que cette notion se conjugue avec le principe de «validité», ou encore avec la métaphore d'un «droit en vigueur». Cela se constate amplement en observant l'unanimité, tant pratique que doctrinale, voulant que si la loi, le règlement, la décision administrative, etc., est jugé valide, nous sommes automatiquement en présence d'une «force obligatoire». Autrement dit, ce qui relève de la «loi pour tous» possède le caractère de «force obligatoire» nonobstant la forme sous laquelle elle se présente, que ce soit une constitution, une loi, un règlement, une directive et ainsi de suite.

Sur le plan théorique, un tel principe ouvre ainsi la porte à un débat sur la question de savoir comment la validité peut être valide (ou encore légitime). À cet égard, la solution de Kelsen a acquis la préférence des juristes dogmatiques, quoique autrement formulée dans un contexte de common law, parce qu'elle assure une cohérence opérationnelle à la fois factuelle et narrative dans le domaine dit «public». L'image d'une pyramide de «lois pour tous» et la force obligatoire qui est supposée s'y exprimer, assurent ainsi une opérationnalité optimale en faveur de l'administration et de la gouvernance. Ce qui enchante le partisan d'un tel «positivisme opérationnel» est qu'il conjugue «facilité, validité et rendement» comme étant au-dessus de la mêlée et immédiatement efficient.

Au-delà de toute considération théorique, c'est ainsi la même métaphore «obligatoire» que celle constatée dans le domaine civil que se manifeste, à savoir qu'il s'agit de confirmer (ou de contester) la «force obligatoire» d'une loi, d'un règlement, d'une décision administrative, en tant que «loi pour tous», de la même façon qu'un contrat représente la «loi des parties». Tout le système public travaille autour de la confiance symbolique que les lois, les règlements, etc., possèdent intrinsèquement la «force obligatoire». Une telle règle élémentaire permet ainsi de faire le travail administratif et de gouverner! Quant aux individus, nous constatons leur désir de bénéficier de cette «force obligatoire» en escomptant la validité d'une loi, d'un règlement, etc. et, éventuellement, la stratégie de se mettre à l'abri de celui-ci, d'obtenir une dérogation ou encore de réclamer la non-applicabilité en ce qui concerne leurs affaires. Ce qu'il faut surtout retenir, c'est que l'une ou l'autre des positions implique toujours la reconnaissance de la symbolique d'une force obligatoire d'une «loi pour tous».

Enfin, examinons l'utilisation de la notion (et la symbolique) de «force obligatoire» dans le domaine du droit international où la situation est plus intéressante d'abord parce qu'une «loi commune» brille par son absence - ce qui, disons-le entre parenthèses, attirent les écrivains de l'imaginaire - et ensuite parce que c'est au niveau des instances judicaires internationales (en règle générale plutôt inexistantes, sauf quelques exceptions) et surtout à l'égard des sanctions gérées de façon unilatérale par la (ou les) partie(s) qui se sent(ent) lésée(s) que se symbolise par le recours à la «force obligatoire». À la rigueur, la seule instance de «force obligatoire» est donc «le *jus cogens*» (du droit international) compris dans un sens strict et où aucune possibilité d'extension idéologique (ou «juridique», *sic*!) n'est permise.

Strictement parlant, c'est exclusivement les principes du «*jus cogens*» qui mettent en œuvre le droit international et le confirment tel quel au niveau de la symbolique de la notion de «force obligatoire». Tel quel, le «*jus cogens*» se résume en tant que le minimum nécessaire et formel pour opérationnaliser l'existence symbolique d'un domaine dit de «droit» international. Ce qui nous donne, *grosso modo*: 1) obligation d'honorer ses engagements (i.e. le principe de «*pacta sunt servanda*» qu'avait si éloquemment théorisé Hugo Grotius); 2) obligation de reconnaissance mutuelle en tant qu'acteur (i.e. État indépendant et souverain) représenté par ses fondés de pouvoir (i.e. le «droit» diplomatique et consulaire), (3) obligation d'accepter les «faits internationaux» non-controversés (i.e. principe de «connaissance d'office»), (4) obligation de reconnaître les «normes de résolution des conflits» (i.e. le principe «judicaire», «arbitral» et de médiation) et (5) obligation de respecter la «chose jugée» où l'État a formellement accepté de s'impliquer. En somme, ces cinq principes n'ont strictement pas de «contenu substantif», sinon se révèlent comme une formalité à partir de laquelle peut entrer en scène le travail diplomatique ou de coopération ou encore l'implication nationale.

Avouons qu'une telle conception non-substantive de la «force obligatoire», où s'observe l'absence de critères objectifs ou de «droit naturel» (ce qui revient au même), rend plusieurs théoriciens du droit international, littéralement parlant, «malades». Ils souhaitent la reconnaissance de critères objectifs au-dessus de la volonté des parties et ils soutiennent avec force que de tels critères existent. Plusieurs théoriciens du «droit» international tentent donc ouvertement d'ajouter une sixième «obligation» visant la reconnaissance de «normes internationales non-controversées» ou issues d'un «large consensus». D'autre théoriciens du «droit» international cherchent à obtenir le même résultat en substituant à l'action des États les «actions» des Nations-unies en tant qu'un acteur supranational du «droit international», au-dessus et en dépit des États; la dernière stratégie est en principe plus que controversée par le fait qu'une telle position change la nature des Nations-unies, d'une instance diplomatique à un Super-État.

Au-delà donc de ce désir de réécrire la conception de «*jus cogens*», soulignons que ce principe n'implique effectivement rien de substantiel quant aux acteurs (i.e. les États) si ce n'est la nécessité de respecter réciproquement des engagements diplomatiques que nous associons à la notion de la «force obligatoire» et donc aussi, indirectement, reconnaître le rôle que la diplomatie (et les représentants diplomatiques) y jouent pour réaliser une telle «obligation» symbolique. La conclusion qui s'impose est donc que ce modèle est plus proche d'un modèle «privé» que «public»! L'absence d'une «loi pour tous» signale en effet que le «droit» international demeure un ensemble de «lois des parties», ce qui nous explique pourquoi tous les réformateurs (et «révolutionnaires») du «droit» international estiment aujourd'hui que ce dernier est plutôt caduque (ou insuffisant) et qu'ils espèrent plutôt une «constitutionnalisation» d'un nouveau «droit» international: un «droit» international qui ne dépend plus des acteurs, mais où leurs libertés sont restreintes et encadrées par un *a priori*, à savoir par une Constitution (i.e. par la Charte des Nations-Unies et/ou la Charte internationale des droits de l'homme dans le nouveau rôle de Constitution).

Or, si les principes du *jus cogens* sont reniés, directement ou indirectement, c'est le «droit» international qui est renié et mis à l'écart. Les outils du «droit» international, qu'il s'agisse des traités, des conventions, etc., n'ont pas, à strictement parler, d'autre statut que celui «d'autorité», même si en pratique (et par convention langagière) nous parlons comme s'ils possédaient par eux-mêmes une «force obligatoire», là où ils ne reflètent, en fait, que la force obligatoire du *jus cogens*. Le problème est bien évidemment que les traités ou les conventions doivent être rapatriés à l'intérieur d'un système de droit, plus spécifiquement à l'intérieur d'un droit national, pour avoir effet et donc obtenir une «force obligatoire» par les outils normatifs de l'implémentation. D'où d'ailleurs la particularité du droit international où des États signent mais ne changent pas leur droit interne, privant ainsi les traités ou les conventions de tout effet juridique, ou encore signent pour attirer la sympathie ou pour créer un écran idéologique contre toute critique, ou enfin signent en accompagnant leur ratification de clauses qui vident les traités ou les conventions, etc. de tout contenu ou simplement pour alimenter la «caisse enregistreuse».

Ces trois analyses révèlent en somme que la «force obligatoire» n'a guère d'autre sens que celui de servir de coordinateur discursif, nous obligeant à évaluer concrètement et à porter un jugement sur le caractère, le sens et l'étendue des engagements des acteurs dans la société civile, «politique» et «diplomatique».

3. Penser la notion de «force obligatoire» sans obligation.

La suite logique consiste maintenant à souligner que si la notion de «force obligatoire» symbolise la loi des parties (privé), la loi pour tous (public) et la loi pour «nous» (international), il faut la comprendre comme étant sans «obligation» (et sans «force»). C'est le sens d'une telle affirmation qu'il convient d'élucider telle qu'elle nous amène d'abord à l'évaluation «négative» de la question de l'engagement (i.e. le non-respect) et ensuite à la question de l'évaluation «positive» quant à la notion de «force obligatoire» (i.e. une topique des acteurs).

En ce qui concerne, premièrement, l'évaluation «négative», répétons qu'il n'y a pas de «force» ni «d'obligation» attachée à la notion de «force obligatoire». C'est uniquement par la constatation distanciée du non-respect de l'engagement impliqué dans la loi des parties ou la loi pour tous ou la loi pour nous, que peut se faire l'évaluation. En d'autres mots, c'est bien par le non-respect, voire la rupture du contrat, le crime ou encore la violation que se constate en pratique la «force obligatoire». Rappelons aussi qu'un contrat, une loi ou un traité international n'est rien d'autre qu'un tas de feuilles de papier (ou encore une image dans un écran d'ordinateur) où nous retrouvons des signes graphiques et symboliques et rien de plus. Socialisés et personnifiés à l'intérieur d'un contexte culturel nous sommes, en principe, capables d'identifier ces signes comme relevant d'un langage, de les déchiffrer, de les interpréter et peut-être aussi de prétendre que nous avons, à notre façon, «compris» quelque chose. Dans les cas où cela n'existe pas encore textuellement, comme par exemple un contrat verbal, le sens même d'un système juridique nous force de produire un «texte» qui doit rendre compte de l'existence d'un tel «acte langagier». Nous sommes ainsi toujours, en principe, devant un «texte», c'est-à-dire une expression langagière nous permettant de constater ou de nier une «force obligatoire».

En ce sens se constate un paradoxe dans la pensée juridique où on observe que nous parlons souvent comme si le contrat, la «loi» ou le traité international existait, même si de toute évidence il n'y a que le texte qui «existe» (sémantiquement) et que c'est cette réalité qui nous permet ensuite de qualifier (ou de discriminer) les textes entre eux comme étant respectivement un contrat, une loi ou un traité international. Les textes n'ont donc pas d'essence juridique *en soi* et l'utilisation d'un suffixe «juridique» en ce qui les concerne doit, sans exception, être refusée; mais surtout, répétons-le, il n'existe aucune «force obligatoire» ni d'obligation en soi ou qui agit dans les textes. Pourquoi? Simplement parce que la disposition psychologique qui consiste à «se sentir obligé» n'appartient jamais au domaine juridique puisque chaque personne doit en toute autonomie trouver en lui, dans le degré du possible, les raisons qui l'incitent à «se sentir obligé», de même que toute «obligation» est propre à un individu et à ses facultés psychologiques (et morales). Que cela puisse être compliqué, que chaque individu (et acteur en «droit») puisse se sentir déchiré entre des stratégies d'agir bien différentes ne relève pourtant que de la condition humaine, qu'au fait de vivre dans une société qui reconnaît l'autonomie des individus et qui valorise la valeur de la liberté. Là où il y a une obligation au niveau psychologique ou moral, le droit s'exclut en tant que son contraire. Droit et obligation se constituent simplement en tant que deux lieux antinomiques où il faut choisir l'un ou l'autre et où toute association de l'un avec l'autre relève de la confusion de l'esprit, sinon représente un glissement vers l'anti-juridique.

L'absence d'obligation dans le domaine du droit s'explique par la nécessité d'établir une distinction entre le domaine du juridique et celui de la morale (ou de l'éthique): le droit n'oblige jamais, tandis que les intermédiaires (contrat, loi et traité) ont justement pour fonction «d'obliger». En clair, cela relève d'une interrogation morale de savoir si un individu (fut-il un simple acteur dans le domaine privé ou encore le président d'un pays appuyé par ses conseillers diplomatiques) possède la moralité de se sentir obligé. Ce qui nous réconforte quant à notre jugement morale et au fait de «se sentir obligé» n'a guère d'importance pour le droit et c'est en conséquence son contraire qui doit nous intéresser à savoir, la rupture, le non-respect, le crime et la violation (au niveau de l'engagement) comme le tangible (topiquement) ou encore comme le contraire constatable d'une «force obligatoire».

Il s'ensuit, deuxièmement (et positivement), que la notion de «force obligatoire» précise la direction pratique, à savoir que le «contrat», la «validité» et le «*jus cogens*», symbolise la situation où se trouvent les parties et où se trouvent leurs engagements à l'égard d'un «rendre compte» relatif à leurs engagements, leurs «mots» ou encore leurs «ratifications». Il s'agit, strictement parlant, d'une situation de positionnement où chaque partie est, éventuellement, rappelée à l'ordre («du droit») si elle ne respecte pas ses engagements. De même une situation où les parties sont libres quant au choix et quant à leurs stratégies (de justification, de «non-réalisation» ou de «réalisation»), ainsi c'est bien le «rendre compte» qui prévaut à la fin.

Nous constatons donc qu'il y a des «acteurs» d'une part et des engagements d'autre part, mais surtout que tout cela se fait toujours par et dans une logique de «mise en relation». La raison est que la réprobation de la violation et du non-respect d'un engagement ne se font jamais contre un acteur ni contre l'engagement (ce qui serait nécessairement illogique), mais à l'égard du symbolique que représente le contrat, la «loi» ou le traité international. Bref, la «force obligatoire» s'évalue, en contexte, à l'égard de ces symboliques et n'a donc jamais de sens en soi. En d'autres mots, le sens symbolique attribuable à cette notion, ce rapport à l'évaluation d'une situation controversée et où il faut évaluer, *post-factum*, si un engagement peut/doit être dit «vicié», «non respecté» ou «détourné». En tant que tel, le concept est donc «vide» de droit, mais plein de sens symbolique pour ce qui doit/peut se faire en droit.

La notion de force obligatoire, en ce sens, se résume entièrement dans l'adage classique du *«patere legem quam ipse facisti»* (i.e. subis/respect/souffre la loi que tu t'es faite/que tu as faite toi-même). En clair, si en tant qu'acteur privé, public ou international, nous nous engageons, nous serons inéluctablement tenus pour «obligés» négativement quand se constate notre non-engagement ou encore notre transgression. Notre engagement l'un envers l'autre se renforce ainsi sous la symbolique de la «force obligatoire», en cas de violation de cet engagement c'est inéluctablement le côté opératoire négatif de cette «force obligatoire» qui pourra entrer en scène par un jugement judicaire à l'encontre de l'individu (ou un État) qui n'a pas respecté ses engagements et également par des actions juridiques ou légales pour se protéger et pour réparer les conséquences d'un tel désengagement. Bref, la notion de «force obligatoire» symbolise la responsabilité juridique et son corollaire: la réparation.

4 Conclusion.

En fin de compte, insistons sur la stérilité de tout «*konsept–lehre*» (doctrine des concepts) et l'éblouissement d'un monde conceptuel qui ne sert que lui-même. Tel que nous le concevons, les concepts linguistiques s'expliquent par «ce qui doit/peut se faire en droit», à savoir par notre responsabilité en tant que juriste (et théoricien du droit) et par le respect de la pratique du droit (i.e. les hommes et les femmes qui vivent concrètement dans une société moderne et qui acceptent de faire du droit le mode de résolution de leurs controverses et disputes).

Il s'ensuit, comme nous l'avons démonté, qu'une dose de réalisme linguistique (et jurisprudentielle) doit nécessairement accompagner notre compréhension des discours, des mots, des concepts, celle des autres autant celle qui vient de nous, et quant à «ce qui doit/peut se faire en droit». Nous avons simplement raisons de ramener la compréhension des concepts à la réalité des individus, dans la pratique, la vie en société et de les évaluer le plus concrètement possible à l'égard des situations et des contextes réels. Une large partie des problèmes que nous rencontrons en science juridique (ou simplement dans l'écriture de la doctrine juridique) provient d'un manque d'attention à la pratique, au problème juridique concret et à la compréhension du problème controversé, de même qu'au mode de fonctionnement réel et concret du langage. C'est toujours la réalité des problèmes juridiques (et sociaux et politiques) qui doit nous intéresse dans l'analyse des concepts dits juridiques. Sans un tel souci pour le concret, pour le problème juridique ou la pratique, une analyse des concepts n'est d'aucun intérêt et n'a pas de valeur.

Bibliographie de Bjarne Melkevik:

En tant qu'auteur

«Philosophie du droit. Volume 2», Québec/Sainte-Foy, Presses de l'Université Laval, collection Diké, 2014.

«Habermas, Légalité et Légitimité», Québec/Sainte Foy, Presses de l'Université Laval, collection DIKÉ, 2012.

«Droit et agir communicationnel: Penser avec Habermas», Paris, Buenos Books International, 2012.

«Percorsi di Filosofia del diritto» (traduction de Silvia Visciano; sous la direction de Maria Novella Campagnoli et Simone Gallo), Roma, Aracne Editrice, coll. Teorie del Dirrito et dello Stato. Revista Europea di Cultura e Scienza Giuridica, Quaderni 3, 2011.

المنطق القضائي: دراسة نظرية تطبيقية في ضوء القانون وأحكام المحاكم المصرية

[«Elmantek Elkadaey Derasa Nazaria wa Tatbikia Fe Dooa Alkanon Wa Ahkam Elmahakem Elmasria!» / «La logique judiciaire. Étude théorique et pratique à la lumière du droit et de la jurisprudence en Égypte»], Caire (Égypte), Dar Elnahda Elarabia, 2011. (Avec Fehr Abd Elazim).

«Philosophie du jugement juridique», Québec, Presses de l'Université Laval, coll. Diké, 2010.

«Habermas, droit et la démocratie délibérative», Québec, Presses de l'Université Laval, coll. Diké, 2010.

«Transformarea dreptului», Cluj-Napoca (Roumanie), Editura Sfera juridica, 2010

«Philosophie du droit. Volume 1», Québec, Presses de l'Université Laval, coll. Diké, 2010.

«Marxisme et philosophie du droit: le cas Pasukanis», Paris, Buenos Books International, 2010.

«Droit, mémoire et littérature», Québec, Presses de l'Université Laval, coll. Diké, 2010.

أضواء على فلسفة القانون: إسهام في بناء مشروع قانوني"حديث"» [Ada ala falsafat alqanoun: Isham fi binaa machrou qanouni hadith /Lumière sur la philosophie du droit: contribution à la construction d'un projet juridique moderne], Éditions Al-Najoie et l'Association libanaise de philosophie du droit, Beyrouth (Liban), Traduction par Georges Saad et al, 2007.

«Tolérance et modernité juridique», Québec, Presses de l'Université Laval, coll. Diké, 2006.

-Traduction en langue espagnole, «Tolerancia y modernidad juridica», (Traduction par Claudia Cáceres Cáceres). Bogotá, Colombie, à paraître en 2014/5.

«نصوص في فلسفة القانون» [Nusûs fî falsafat al-qânûn / Textes de philosophie du droit], traduction de Georges Saad et al., Beyrouth, Édition Al Najoie et l'Association libanaise de philosophie du droit, 2005.

«Considérations juridico-philosophiques», Québec, Presses de l'Université Laval, coll. Diké, 2005.

«Rawls ou Habermas: une question de philosophie du droit», Québec, Presses de l'Université Laval & Bruxelles, Bruylant.

-Traduction en langue roumaine, «Rawls si Habermas. O problemà de filozofie a dreptului», Iasi (Roumanie), Editura Cugetarea, 2003.

- Traduction en langue espagnole, «Rawls y Habermas. Un debate de filosofia del derecho», Bogota (Colombie), Universidad Externado de Colombia, coll. Serie de Teoría Jurídica y Filosofía del Derecho no 42, 2006. Traduction par Claudia Cáceres Cáceres.

«Réflexions sur la philosophie du droit", Paris, L'Harmattan, & Ste Foy, Presses de l'Université Laval, 2000.

-Traduction en langue roumaine, «Reflectii asupra filozofiei dreptului», Iasi, Editura Cugetarea, 2003.

«Horizons de la philosophie du droit", Paris, L'Harmattan & Ste Foy, Presses de l'Université Laval, 1998; 2ème édition dans la collection Diké, Presses de l'Université Laval en 2004.

-Traduction en langue roumaine: «Orizonturi ale filozofiei dreptului», Iasi, Editura Panfilius, 2002.

«Peuples autochtones et normes internationales. Analyse et textes relatifs au régime de protection identitaire des peuples autochtones", Cowansville, Yvon Blais, 1996. (En collaboration avec Ghislain Otis).

«Pasukanis et la théorie marxiste du droit", Lille, l'Atelier National de reproduction des thèses, 1988.

Direction et codirection de livres

«Standing Tall. Hommages à Csaba Varga», Budapest, Pázmány Press, coll. Xenia, 2012.

«Mythe et justice dans la pensée grecque», Québec, Presses de l'Université Laval, coll. Inter-Sophia, 2009. Codirigé avec Stamatios Tzitzis et Maria Protopapas-Marneli.

«Droits démocratiques et identités», Québec, Presses de l'Université Laval, coll. Diké, 2006. Codirigé avec Luc Vigneault.

«Une philosophie dans l'histoire. Hommages à Raymond Klibansky», Québec, Presses de l'Université Laval, décembre 2000. Codirigé avec Jean-Marc Narbonne.

«Transformation de la culture juridique québécoise», Québec, Presses de l'Université Laval, 1998.

«Tolérance, Pluralisme et Histoire», Paris et Montréal, L'Harmattan, 1997. Codirigé avec Paul Dumouchel.

«Avez-vous lu Rawls?», numéro thématique de la revue Philosophiques, Montréal, vol XXIV, numéro 1, avril 1997.

«L'amour des lois. La crise de la loi moderne dans les sociétés démocratiques», Québec, Presses de l'Université Laval - Paris, L'Harmattan. Codirigé avec Josiane Boulad-Ayoub et Pierre Robert.

www.ingramcontent.com/pod-product-compliance
Lightning Source LLC
LaVergne TN
LVHW010933110826
845149LV00013B/2584